TODO SOBRE LOS ÁNGELES

Descubre más Acerca de estos Seres Celestiales y de Cómo están Presentes en Nuestra Vida Diaria

KARL FERNANDEZ

© **Copyright 2021 – Karl Fernandez - Todos los derechos reservados.**

Este documento está orientado a proporcionar información exacta y confiable con respecto al tema tratado. La publicación se vende con la idea de que el editor no tiene la obligación de prestar servicios oficialmente autorizados o de otro modo calificados. Si es necesario un consejo legal o profesional, se debe consultar con un individuo practicado en la profesión.

- Tomado de una Declaración de Principios que fue aceptada y aprobada por unanimidad por un Comité del Colegio de Abogados de Estados Unidos y un Comité de Editores y Asociaciones.

De ninguna manera es legal reproducir, duplicar o transmitir cualquier parte de este documento en forma electrónica o impresa.

La grabación de esta publicación está estrictamente prohibida y no se permite el almacenamiento de este documento a menos que cuente con el permiso por escrito del editor. Todos los derechos reservados.

La información provista en este documento es considerada veraz y coherente, en el sentido de que cualquier responsabilidad, en términos de falta de atención o de otro tipo, por el uso o abuso de cualquier política, proceso o dirección contenida en el mismo, es responsabilidad absoluta y exclusiva del lector receptor. Bajo ninguna circunstancia se responsabilizará legalmente al editor por cualquier reparación, daño o pérdida monetaria como consecuencia de la información contenida en este documento, ya sea directa o indirectamente.

Los autores respectivos poseen todos los derechos de autor que no pertenecen al editor.

La información contenida en este documento se ofrece únicamente con fines informativos, y es universal como tal. La presentación de la información se realiza sin contrato y sin ningún tipo de garantía endosada.

El uso de marcas comerciales en este documento carece de consentimiento, y la publicación de la marca comercial no tiene ni el permiso ni el respaldo del propietario de la misma.

Todas las marcas comerciales dentro de este libro se usan solo para fines de aclaración y pertenecen a sus propietarios, quienes no están relacionados con este documento.

Índice

Introducción — vii

1. Los Ángeles A Través De Diferentes Culturas Y Religiones — 1
2. Los Arcángeles — 15
3. Encuentros Con Ángeles — 33
4. Los Ángeles De Mons — 47
5. El Ángel Támesis — 57
6. El Arcángel Miguel Y Antonia D'astonac — 65
7. La Visión De Joseph Smith Jr — 69
8. Los Ángeles En Medio De La Desgracia — 73
9. Ángeles Caídos Del Cielo — 93
10. El Ángel De Kabul, Alberto Cairo — 107
11. La Madre Teresa — 111
12. Las Mujeres Que Decidieron Ser Un Ángel Para Los Presos — 119
13. Oskar Schindler — 131
14. Los Ángeles De Bataan — 139
15. Ángeles En La Teosofía Y En La Era Moderna — 145

Conclusión — 159

Introducción

En diferentes períodos de la historia y en muchas civilizaciones, los ángeles han sido representados como seres celestiales que llevan mensajes de esperanza, alegría y consuelo de todo el mundo espiritual a quienes padecen problemas, pérdidas o angustias.

Así sea en el judaísmo, el cristianismo o el Islam, se cuentan historias de ángeles que aparecen en visiones, en especial a hombres y damas santos, e imparten el término de Dios.

La más exitosa de ellas, desde luego, es la crónica de la Anunciación, en la que el arcángel Gabriel se surge a María para decirle que se convertirá en la mamá de Cristo.

Introducción

Dicho esto, muchos grandes maestros religiosos, desde el siglo V Juan Crisóstomo hasta los eruditos medievales Moisés Maimónides y Santo Tomás de Aquino, han enseñado que este concepto del ángel, como una hermosa criatura mitad humana alada que aparece en una visión, eso es un algo demasiado literal, diseñado para explicar los misterios de la naturaleza de Dios a personas sin educación. Según ellos, el ángel no es un ser real, sino una personificación de lo divino, representado en forma humana para indicar su relación con el mundo terrenal. En su opinión, las alas del ángel y su halo son representaciones de artistas que se colocan allí para distinguirlo de los mortales comunes y mostrar que es esencialmente un ser espiritual. Sin embargo, no deben tomarse tan literalmente.

Las escrituras judías, cristianas e islámicas hablan de una compleja jerarquía de ángeles. Por ejemplo, en el cristianismo, los ángeles se clasifican en orden desde el más alto (los arcángeles) hasta el más bajo (los ángeles de la guarda). De la misma manera, la jerarquía judía va desde los Chayot, que están más cerca de Dios, hasta los Ishim, que son como hombres, y son citados en la Kaballah como "las hermosas almas de los hombres justos". A lo largo de los siglos, los eruditos de muchas religiones han tendido a interpretar estas diferentes clases de ángeles como reveladores de los muchos aspectos de la naturaleza de Dios, más que como un

Introducción

resumen literal de lo que se debe esperar cuando lleguemos al cielo.

Como dice Maimónides en una de sus obras filosóficas: Cuando el hombre duerme, su alma le habla al ángel y el ángel al querubín. Creía que los ángeles fueron creados por Dios para llevar mensajes a la humanidad, tomando forma humana para presentar revelaciones de una manera que la gente común pudiera entender, en lugar de ser entidades físicas reales. Por esta razón, Maimónides y otros eruditos, ya sean judíos, cristianos o islámicos, enfatizaron que los ángeles mismos no deben ser adorados.

De la misma manera, el místico cristiano Santo Tomás de Aquino pensaba en los ángeles como seres del intelecto, que reflejaban la perfección de Dios y del universo. Según él, los ángeles no tienen cuerpo físico, pero a veces asumen la forma de seres humanos para comunicarse con nosotros en la tierra. Para Tomás de Aquino, los ángeles representan lo último en lo que los humanos podrían lograr en términos de amor y comprensión.

Es esta idea de los ángeles como seres no literales que existen para traernos mensajes de amor, comprensión y compañerismo desde un reino espiritual superior, lo que parece atraernos tanto en el mundo moderno. Ya sea en textos religiosos, en artículos de periódicos, en libros, en Internet o de las anécdotas que a diario escuchamos de amigos y familia, hay literalmente cientos de historias sobre personas comunes, a veces creyentes religiosos, a veces no, que han tenido contacto con ángeles.

Estos ángeles pueden aparecer de muchas formas: un ángel puede hablarnos como una voz en nuestra cabeza, hacer sentir su presencia en una habitación (ya sea a través de una ligera brisa o un sentimiento de luz y calor), o ser sentido a través de las palabras y acciones de un extraño bondadoso. En este libro, encontrará muchas de esas historias, algunas de ellas famosas, otras oscuras.

Hoy, siglos después de las enseñanzas de los eruditos medievales mencionados anteriormente, así es como pensamos con mayor frecuencia en el ángel: no tanto como un ser celestial con alas, un halo y una túnica blanca, que aparece ante nosotros en una visión, sino como una presencia espiritual reconfortante que puede llegar a nosotros en nuestro momento de necesidad, para ayudar a restaurar nuestra fe y para prestarnos la energía para asumir las difíciles tareas de la vida.

De hecho, en el nuevo milenio, lejos de ser relegado a los reinos de la mitología, el ángel se ha vuelto más popular que nunca.

Según una encuesta realizada recientemente por una de las revistas más importantes en Estados Unidos, más del 50% de los habitantes creen en los ángeles y, de ellos, el

Introducción

46% están convencidos de que tienen un ángel de la guarda que se interesa personalmente por su bienestar.

Cómo ya lo dijimos, los ángeles han estado presentes desde hace muchos años, por lo que hay muchas historias que contar. Tanto de gente que ha tenido contacto con alguno o incluso de gente que se cree fueron "ángeles" caídos del cielo.

1

Los Ángeles A Través De Diferentes Culturas Y Religiones

LA PALABRA "ÁNGEL" proviene originalmente de la palabra griega "angelos", que significa "mensajero". Esta palabra se usó no sólo para referirse a un mensajero de Dios, sino a cualquier tipo de enviado terrenal, como una persona que lleva mensajes de un rey. Más tarde, la palabra pasó a significar "mensajero de Dios", y más tarde aún, a "mensajero alado" o ser divino, que es como ahora concebimos al ángel.

Los ángeles mensajeros

En muchas religiones y culturas, los ángeles mensajeros aparecen en momentos importantes trayendo noticias.

. . .

En el Nuevo Testamento, el ángel Gabriel se le aparece a María para decirle que Dios la ha elegido para ser la madre de Jesús; Los ángeles también se aparecen a los pastores ordinarios que vigilan sus rebaños en la ladera y les cuentan sobre el nacimiento de Jesús. En otros casos, los ángeles pueden aparecer para dar consejos o advertir de un peligro inminente. Hoy en día, muchos espiritistas, médiums y psíquicos cuentan tales experiencias, ofreciendo su sabiduría a quienes buscan ayuda.

Muy a menudo, en la religión cristiana, se dice que los ángeles aparecen en el momento de la muerte, para brindar consuelo y paz al individuo que sufre y, a veces, para acompañarlo en su viaje al más allá. Además, a veces se cree que los ángeles son la encarnación de las almas muertas, seres queridos que ya fallecieron y que se cree que viven en el cielo, y que regresan periódicamente para visitar a los vivos. Podemos ver cómo, desde los tiempos más remotos, la simple idea de un mensajero que traía noticias de una parte del cosmos a otra, evolucionó hacia la compleja noción espiritual de un ser alado viajando entre el cielo y la tierra, trayendo noticias de lo alto a los seres mortales; ya partir de ahí, cómo este concepto del ángel como mensajero de un plano superior comenzó a jugar un papel importante en la vida religiosa y cultural de muchos pueblos de muchas religiones en diferentes períodos de la historia.

Angelología

El estudio de los ángeles se conoce como "angelología."

Hoy en día, los angelólogos son eruditos en teología, que estudian la Biblia, en particular las descripciones de los ángeles dadas en Ezequiel, Apocalipsis y textos antiguos como el Libro de Enoc. Los angelólogos también incluyen místicos contemporáneos y espiritualistas que basan su conocimiento y práctica en una serie de otras fuentes, ya sean sus propias visiones, textos bíblicos, antiguos cultos paganos u otras religiones como el budismo.

Nuestra idea moderna del ángel, como veremos, tiene sus raíces en muchas culturas de todo el mundo, tanto del pasado como del presente. La imagen de un hermoso ser humano con alas, en parte humana y en parte divina, se deriva en gran medida del judaísmo, pero también se remonta muchos años antes, al Neolítico.

Los ángeles alados también se representaron en civilizaciones tempranas como Sumeria, el Antiguo Egipto y Persia.

El ángel de la guarda

En la cultura occidental de hoy, los ángeles suelen ser vistos como buenos y amables, como benefactores de la humanidad. Se les concibe como seres sobrehumanos con poderes especiales que utilizan para protegernos, luchando contra demonios y otros espíritus malignos. Esta idea proviene de la antigüedad, donde encontramos muchas historias de ángeles guardianes asignados por Dios u otras deidades para proteger y enseñar a un individuo en particular en la tierra.

El ángel de la guarda de estos primeros mitos e historias, característicamente, también oraba a Dios para que ayudara al individuo, defendiendo su caso en tiempos de problemas o irregularidades.

A lo largo de los siglos, el concepto de ángel de la guarda, con especial responsabilidad sobre la persona a su cargo, se hizo especialmente fuerte en la religión católica.

. . .

Sin embargo, se pueden encontrar variantes de este en muchas otras mitologías, incluidos los sistemas de creencias paganos y de la nueva era.

El ángel caído

Sin embargo, no todos los ángeles son buenos y amables. Una sección importante de la teología cristiana está dedicada a las historias de ángeles caídos, ángeles que han sido desterrados del cielo por sus malas acciones. El más famoso de ellos es Lucifer, cuyo nombre significa "portador de luz" en latín, y originalmente significaba la aparición de la estrella de la mañana, la primera estrella que apareció en el cielo al amanecer.

En algunas versiones de la historia, Lucifer sigue siendo una fuerza positiva, simplemente como el ángel portador de la luz. Sin embargo, en la religión cristiana, siguiendo un pasaje del Libro de Isaías, Lucifer se convierte en sinónimo del Diablo. Continuando con esta línea de interpretación, el poema épico de Milton del siglo XVII cuenta la historia de la Guerra en el Cielo (descrita por primera vez en la Biblia, en el Libro de Apocalipsis). Según este relato, el líder de los ángeles rebeldes, Lucifer, pierde la guerra y, en consecuencia, es arrojado del cielo al infierno, convirtiéndose en el gobernante del inframundo. Como Satanás o el diablo, está al mando de todo tipo de demonios y espíritus malignos, y continúa su batalla contra Dios y las fuerzas del bien en el mundo.

Hoy en día, existe cierta disputa en los círculos teológicos sobre si Satanás y Lucifer son, en términos cristianos, uno y el mismo. Se ha señalado que no hay ninguna referencia a Satanás como Lucifer en el Nuevo Testamento, y algunos eruditos destacados sostienen que los dos son seres bastante separados. Sin embargo, la historia de Lucifer, el ángel caído, que fue expulsado del cielo y se vengó como Satanás, señor del inframundo, ha tenido un poderoso control en la imaginación occidental desde que Milton volvió a contar la historia en su obra maestra.

Los Chamanes

La idea de un ser humano con alas, capaz de volar entre los reinos terrenal y espiritual, se remonta en el tiempo a las creencias chamánicas de Asia Central en el período Neolítico. El chamanismo es un sistema de creencias primitivo que se da en muchas culturas, y es esencialmente la idea de que un individuo humano especialmente dotado, conocido como "chamán", puede comunicarse con el mundo espiritual, trayendo mensajes para la comunidad, generalmente para su beneficio. La función del chamán es a menudo resolver problemas difíciles, como disputas territoriales, y aliviar el dolor o la enfermedad, ya sea del alma o el cuerpo.

El chamanismo se encuentra en todo el mundo, en todos los períodos de la historia, y todavía se sigue practicando en muchos países en la actualidad. Significativamente, se dice que los chamanes de todas estas culturas tienen un poder especial y sobrehumano: la capacidad, como los ángeles, de volar.

El periodo Neolítico

En Anatolia, Turquía, un pueblo llamado Catal Huyuk ha estado, desde la década de 1960, en proceso de excavación y ha producido hallazgos arqueológicos muy interesantes del período que data del año 6,500 a. C. Se han descubierto chozas de barro, con trampillas en los techos, a través de las cuales se cree que entraron los aldeanos. Se han encontrado huesos de los muertos debajo de las plataformas dentro de las casas, lo que sugiere que estas personas dejaron los cadáveres de sus familiares afuera para ser devorados por los buitres.

No hay un registro exacto de las creencias de la gente de Catal Huyuk, pero las ceremonias religiosas obviamente jugaron un papel central en la vida de los aldeanos. Entre los artefactos encontrados en el sitio había figurillas hechas de arcilla y piedra, que mostraban la adoración de la diosa madre prehistórica y la veneración del toro.

Estos cultos también se encuentran en otras civilizaciones tempranas. Lo más importante, para nuestra historia del ángel, fue la evidencia de un extraordinario y algo siniestro "culto a los buitres". Se encontraron cráneos de buitre en las paredes de las casas, cubiertas de yeso en forma de pechos humanos, el pico del buitre formando el pezón. En una habitación, que se conoció como el "santuario del buitre", se dibujó en la pared una figura de un ser humano con piel de buitre, con alas de buitre, que mordía la cabeza de un cuerpo humano.

El culto del buitre

A continuación, los arqueólogos descubrieron los cráneos de grandes aves depredadoras, incluidas las águilas y los buitres, el quebrantahuesos y el buitre leonado, dispuestos en lo que parecía ser un patrón. Los huesos de las alas no estaban presentes, lo que sugiere que las alas pueden haber sido quitadas y utilizadas como disfraces en algún tipo de ritual o ceremonia religiosa.

Por supuesto, el significado de estos hallazgos permanece envuelto en un misterio.

Parece probable que estas primeras personas creyeran que ponerse las alas de buitre les daría poderes especiales, tal vez la capacidad de volar, pero también de mediar entre el reino terrenal y espiritual. El mordisco de la cabeza humana por la criatura alada mitad pájaro y mitad humano también podría significar la capacidad del chamán para enviar al alma fallecida en su camino hacia la otra vida. En este sentido, el híbrido mágico humano/buitre puede haber sido la primera imagen del ángel en la civilización humana.

Cualquiera que sea el significado exacto del misterio, parece que el culto a los buitres fue una representación temprana de la idea de que un mensajero alado podía viajar entre el mundo humano y el espiritual, especialmente cuando encontramos que los buitres, en muchas civilizaciones, han sido venerados y también temidos por ser como aves purificadoras que limpian el paisaje, haciéndolo apto para la habitación humana. En muchas partes del mundo, el buitre. También fue respetado porque se abstuvo de matar a cualquier otro ser vivo, esperando hasta que estuviera muerto antes de comérselo.

También fue elogiado por vivir pacíficamente en grandes rebaños comunales, compartiendo sus comidas con otros.

Por lo tanto, la imagen en gran parte negativa del buitre en la cultura occidental moderna como un siniestro carroñero está en desacuerdo con la de muchos pueblos primitivos de climas cálidos, que estaban agradecidos con el pájaro por deshacerse de los cadáveres enfermos, ya sean humanos o animales, que se dejaron en manos de pudrirse al sol. Es un hecho que incluso los animales muertos infectados con botulismo y ántrax pueden ser consumidos sin peligro por el buitre, debido a los ácidos estomacales corrosivos del ave. Esto significaba que las comunidades humanas que vivían con buitres en el área estarían protegidas de enfermedades infecciosas graves, lo que tal vez sea parte de la razón por la que las aves fueron bienvenidas y adoradas, en ese momento, como seres espirituales, incluso, posiblemente ángeles, aunque de un modo bastante inusual.

. . .

Un pavo real hecho ángel

Hoy en día, un grupo de personas conocidas como Yazidíes, que hoy viven en números reducidos principalmente en Irak, pero anteriormente en grandes comunidades en Turquía, Armenia y Siria, continúan la tradición de adorar a un pájaro como un ángel. Los Yazidíes creen que Dios creó el mundo y lo puso bajo el cuidado de siete ángeles. El más importante de estos ángeles es Melek Taus, que toma la forma de un pavo real.

Melek Taus es conocido por otro nombre, Shaytan, en el Corán, que también es la palabra musulmana para Satanás, o el Diablo. Por esta razón, los musulmanes y cristianos lo han hecho a menudo. Creía erróneamente que los Yazidíes eran adoradores del diablo, aunque este no es el caso. En el mito de la creación de Yazidíes, Dios creó a Melek Taus a partir de su propia imagen y pasó a crear los otros seis arcángeles. Los arcángeles fueron enviados a la tierra. para recolectar polvo, del cual Dios construyó el cuerpo de Adán y le dio vida al respirar en él. Dios ordenó a todos los arcángeles que se inclinaran ante Adán y le obedecieran, lo cual hicieron, excepto Melek Taus, quien argumentó que, como fue creado a la imagen de Dios, no debería inclinarse ante nadie que Dios estuviera de acuerdo con él, y lo nombró jefe de la jerarquía de ángeles y su representante en la tierra.

· · ·

El Angakkuq

En el norte de Asia, particularmente en Siberia, el chamanismo continúa hasta el día de hoy. En muchos de los rituales de los chamanes es fundamental ponerse trajes que representan a los pájaros, siendo los pájaros los principales protectores espirituales del chamán.

En la tribu Inuit, el chamán a menudo usaba un abrigo con flecos largos a lo largo del borde inferior de las mangas y en la parte inferior, que simbolizaba las plumas de las aves. En la parte posterior del abrigo puede haber un pájaro, como un urogallo, la fuerza vital del chamán, y un oso, que se dice que es el asistente del chamán. Otras características del abrigo incluirían colgantes tubulares de metal, que indican las "voces" de los espíritus, colgantes redondos en los hombros, que eran signos solares, y cuadrados, que simbolizan el paso al mundo inferior. Los mechones retorcidos de pelo de reno en el costado del abrigo indicaban las rutas especiales del chamán hacia el mundo espiritual.

El chamán, conocido como Angakkuq, era una persona muy importante en la comunidad Inuit. Se confiaría en él o ella para interpretar el mundo de los espíritus en beneficio de la comunidad. El chamán no fue entrenado, sino elegido por sus habilidades naturales, que serían reconocidas en el niño a medida que creciera. El chamán actuó como médico, atendiendo heridas y como sanador psíquico, ofreciendo consejos e invocando a los espíritus para ayudar a las personas en sus vidas. Los Inuit creen que todas las criaturas, incluidos los animales, tienen alma, y que incluso al cazar animales, se les debe respetar y observar los rituales adecuados. Si esto no se hacía, el espíritu del animal o pájaro, una vez liberado por la muerte, se vengaría de los cazadores.

Esta es la razón por la que los Inuit trataban a los animales, y en particular a las aves, como seres espirituales a la par con los humanos.

Los ángeles Sumerios

Si bien se puede encontrar evidencia de figuras humanas aladas en la cultura neolítica y en los antiguos sistemas de creencias chamánicas, nuestra primera imagen realmente clara del ángel viene en una serie de tallas en relieve de piedra sumerias que datan de alrededor del 3,000 a. C.

La civilización sumeria existió en el actual Irak, en el área entre los ríos Tigris y Éufrates.

. . .

Los sumerios adoraban a varios dioses y espíritus, incluidos Anu, el dios del cielo, Ki, el dios de la tierra, Utu, el dios del sol y Nanna, el dios de la luna.

Otras deidades, como la estrella matutina Innana, Enki el dios de la abundancia y Enlil, señor de la tierra fantasma, también formaban parte de la cosmogonía sumeria.

Además, los sumerios creían en un grupo de mensajeros alados, que podían volar muy rápido y que hacían recados entre las deidades y los humanos.

2

Los Arcángeles

EL ARCÁNGEL MIGUEL

El Arcángel Miguel es uno de los ángeles más importantes de las religiones judía, cristiana e islámica. Miguel es visto en estas tradiciones como un héroe guerrero, el líder del Ejército de Dios. El nombre Miguel, en hebreo, significa "semejante a un dios", y ha llegado a ser visto como el santo patrón de los soldados.

En algunos sistemas de creencias, se lo ve como la encarnación de Cristo antes de su descenso a la tierra para convertirse en hombre; en otros, como el espíritu divino de Adán, el primer hombre, en la historia del Génesis.

. . .

Miguel también se menciona en la Biblia como un príncipe cuya responsabilidad particular, además de luchar por la causa de Dios, es proteger, apoyar y guiar a los niños. En el este, fue visto como un sanador y en el oeste como un patrón de guerra. Durante el período medieval, los cristianos lo representaron como el santo patrón de la caballería, junto a San Jorge. En este papel, se convirtió en el centro de las primeras órdenes de caballería, como la Orden de San Miguel en 1469 en Francia. Desde entonces, ha prestado su nombre como patrón de muchas sociedades y organizaciones.

Miguel el protector

En el Libro de Enoc, un antiguo texto judaico que data del siglo I y que influyó mucho en los maestros religiosos judíos y cristianos durante muchos siglos después, hay una descripción del arcángel Miguel como "el príncipe de Israel". Aquí, muestra otro aspecto, tan amable y compasivo. Si bien es visto como feroz y noble en la guerra, también es admirado por sus cualidades de misericordia, paciencia y justicia. En la tradición judía, Miguel a menudo interviene para ayudar a uno de los padres fundadores de la religión, por ejemplo, salvando a Abraham de ser quemado hasta morir en un horno por el guerrero Nimrod, y rescatando a Lot cuando la ciudad de Sodoma es destruida.

Miguel también protege de daños a mujeres como Sara, la esposa de Abraham, y en numerosas ocasiones salva a Jacobo, otro patriarca, de daños. Algunos creen que, en la historia donde Jacob lucha con el ángel, es contra Miguel contra quien se enfrenta, y quien luego lo perdona. También se dice que Miguel es el mentor de Moisés y el ser divino que le habla a Moisés cuando ve la zarza ardiendo. Se cuentan muchos cuentos en los que Miguel protege al primer ser humano en la tierra, Adán, y continúa protegiendo a Adán incluso después de que él y Eva son desterrados del jardín del Edén. Significativamente, se dice que Moisés se inclina ante la humanidad y sigue siendo el único ángel en el cielo que lo hace.

El cristiano Miguel

El arcángel Miguel juega un papel importante en la tradición cristiana, como guerrero contra Satanás. A menudo se le representa pisando una serpiente, llevando la balanza de la justicia y su espada de batalla. En el Libro de Judas, se le describe luchando en la guerra en el cielo, contra un gran dragón que simboliza a Satanás. Al igual que en la religión judía, los cristianos ven a Miguel como un guerrero y protector; sin embargo, los primeros cristianos también hicieron de varios santos, como San Jorge y San Demetrio, sus patrones de guerra.

Miguel a veces aparece como un ayudante para los enfermos y los débiles, enfatizando su papel amable y cariñoso. En varias leyendas, Miguel provoca que un manantial mágico brote del suelo, los que se bañan allí se curan de sus enfermedades.

Las apariciones de Miguel

Se cuentan muchos cuentos de la aparición de Miguel ante la gente de la tierra. con noticias del cielo. En una leyenda conocida como el Milagro de Chonae, Miguel parece proteger una iglesia que se inundaría, partiendo una roca para desviar el río de ella. En otro, se apareció a los pescadores en St Michael's Mount, Cornwall. En 1751, una monja carmelita portuguesa, Antonia d'Astonaco, informó que Miguel se le había aparecido y le había pedido que le hiciera algunas oraciones especiales; estas oraciones más tarde encontraron su camino hacia la liturgia de la iglesia católica. Otras revelaciones incluyen las visiones de unas colegialas en un pueblo llamado San Sebastián de Garabandel en Cantabria, al norte de España, entre 1961 y 1965.

En otro caso, se dijo que un niño de 13 años salía con cortes y rasguños cada vez que se mencionaba el nombre de San Miguel.

El niño tendría una visión de San Miguel luchando con el Diablo y 10 demonios. El niño entonces gritaría con la voz de San Miguel. Estas visiones fueron informadas por el padre Raymond Bishop, un sacerdote jesuita de la Universidad de St Louis.

Muchos lugares han sido designados como santuarios para Miguel, que es visto como un santo y un arcángel en la tradición cristiana. Estos incluyen el Monte San Miguel en Normandía, Francia, y el Monasterio de las Cúpulas Doradas de San Miguel en Kiev, Ucrania.

Miguel entre los testigos de Jehová

Entre los testigos de Jehová, el arcángel Miguel es visto como el Hijo de Dios, o Jesús, antes de que viniera a la tierra, y también después, cuando ascendió al cielo. La idea en la Biblia de que Miguel era "semejante a un dios" es evidencia de esta creencia, ya que como el hijo de Dios, Michael sería similar a su padre en el cielo. Esta conexión entre Miguel y Jesús como uno y el mismo ser también se encuentra entre los Adventistas del Séptimo Día, que creen que Jesús, antes de venir a la tierra, era el arcángel Miguel. Miguel, según ellos, es la palabra de Dios, más que un ser creado, que más tarde descendió a la tierra y nació como el hijo de María, Jesús.

Miguel en el Islam

Miguel también ocupa un lugar importante en la fe islámica y es conocido como Mikail. Aunque Mikail solo se menciona una vez en el Corán, hace muchas apariciones en el Hadiz del Profeta (historias sobre las palabras y los hechos del profeta Mahoma). En uno de ellos, el ángel Jibril (Gabriel) le dice a Mahoma que Mikail gobierna el mundo de las plantas y la lluvia. En otro, se cuenta la historia de que Mikail nunca se ha reído desde que se creó el fuego. También se dice que Mahoma reza a Dios para que bendiga a Mikail, junto con los ángeles Jibril y Rafail (Rafael).

Miguel en el culto

Michael figura en el movimiento teósofo, que ganó seguidores en el siglo XIX. Esta doctrina enseñó que todas las religiones son intentos de evolucionar a la humanidad en mayor grado de perfección, y que hay una pizca de verdad en todos ellos. También hay un fuerte elemento de misticismo en el movimiento, que fue establecido por mucha gente en Nueva York. Según el teósofo Louis Claude de St Martin, San Miguel finalmente terminó su batalla con el dragón en 1879.

Esto fue reiterado por un filósofo, quien fundó el movimiento conocido como antroposofía, que intentó investigar las experiencias espirituales a través del cultivo de la imaginación y nuestras facultades intuitivas de forma creativa.

EL ARCÁNGEL GABRIEL

El arcángel Gabriel es uno de los ángeles celestiales más populares y conocidos, cuya función principal es entregar mensajes de Dios a los seres mortales de la tierra. En su papel más famoso, se aparece a la Virgen María y le dice que Dios la ha elegido para ser la madre del Hijo de Dios.

Hay muchas pinturas de este momento crucial en la fe cristiana, que comúnmente se llama La Anunciación.

. . .

Gabriel es también el ángel que predice el nacimiento de Juan el Bautista. La Biblia lo describe como un hombre mortal muy hermoso, pero con el tiempo, se ha vuelto a contar la historia, especialmente en diferentes formas de misticismo, lo han hecho hombre o mujer o de un sexo indeterminado.

De manera similar, Gabriel tiene un papel central que desempeñar en la religión islámica, apareciéndose al profeta Mahoma y revelándole el texto sagrado del Corán. En la fe musulmana, Gabriel es el más importante de todos los ángeles, conocido como el Espíritu Santo (Islam) que le habla a Mahoma.

El mensajero

Hay muchas menciones del ángel Gabriel en la Biblia. El profeta Daniel habla de Gabriel como un ángel parecido a un hombre que lo visita para impartir conocimiento y comprensión de sus visiones. En otros casos, Gabriel, a quien se llama "príncipe principal", profetiza eventos importantes. Algunas vertientes del judaísmo describen a Gabriel parado en el Trono de la Gloria en el cielo, al lado izquierdo de Dios. Hay otros tres ángeles que también están en el trono, incluido Miguel. De acuerdo con su papel de mensajero, Gabriel es visto, en las religiones cristiana e islámica, como el ángel de la revelación.

En el misticismo judío, también se le describe como el ángel de fuego y se le asocia con el color rojo. En muchos casos, se le ve como el ángel de la muerte, en particular, que aparece en el momento de la muerte de reyes y príncipes.

A veces se menciona que Gabriel trabaja en conjunto con Miguel y, como Miguel, a veces puede desempeñar el papel de protector y guardián de los débiles e indefensos.

El Nuevo Testamento cuenta la historia de cómo Gabriel se apareció a los padres de Juan el Bautista, Zacarías e Isabel, diciéndoles que tendrían un hijo que sería un gran profeta. En la historia, Gabriel saca un cuerno y se anuncia por su nombre.

La trompeta de Gabriel

Posiblemente debido a la asociación con su cuerno, mencionado en el Nuevo Testamento, a menudo se ve a Gabriel como el ángel que toca la última trompeta en el Día del Juicio, marcando el fin de los tiempos, aunque no hay una mención real de esto en la Biblia. Se cree que la idea podría tener su origen en la mitología nórdica, donde el guardián del puente entre el cielo y la tierra, Heimdall, toca un gran cuerno para anunciar Ragnarok, el comienzo de una batalla épica que causará muerte y destrucción, pero que finalmente conducirá al amanecer de una nueva era.

En matemáticas, el cuerno de Gabriel, también llamado trompeta de Torricelli, es una figura geométrica que tiene un área de superficie infinita pero que encierra un volumen finito. El físico y matemático italiano Evangelista Torricelli, primero estudió las propiedades de esta figura, cuya forma se asemeja a una trompeta. En algunas tradiciones cristianas, así como se dice que Miguel aparece en la tierra como Jesús o Adán, se dice que Gabriel es el ser divino que desciende a la tierra como el patriarca Noé. Este punto de vista se adopta en la Iglesia de los Santos de los Últimos Días, que es una secta cristiana vinculada a la fe mormona.

Gabriel en la religión musulmana

En la religión musulmana, Gabriel, o Jibril, aparece como el ángel que le da al profeta Mahoma el sagrado Corán. En el Hadith, una colección de historias que explican el significado de las enseñanzas de Mahoma, se describe que Jibril tiene seiscientas alas, cada una de las cuales cubre el horizonte. Se dice que las alas esparcen joyas, perlas y rubíes. El Corán también relata cómo Gabriel se apareció a la Virgen María, prediciendo el nacimiento de Jesús, aunque en el Corán, Jesús es visto como un profeta, en lugar del Hijo de Dios. El Corán conserva el misterio del nacimiento de Jesús de una virgen, y explica que ocurrió por voluntad de Allah.

Otras historias del Corán narran cómo Gabriel acompaña a Mahoma cuando asciende al cielo. También se dice que Gabriel desciende a la tierra en La Noche del Destino, que es la noche en la que se cree que el Corán fue revelado por primera vez, y que se celebra en el mes sagrado de Ramadán.

EL ARCÁNGEL RAFAEL

En hebreo, el nombre Rafael significa "Dios sana", y muchas historias dentro de las tradiciones judía, cristiana e islámica hablan del poder de este ángel para curar a los enfermos. El nombre también está vinculado a la palabra hebrea "Rophe", que significa médico. A menudo se representa a Rafael sosteniendo una botella o frasco, lo que simboliza su capacidad para brindar alivio a quienes padecen una enfermedad.

. . .

En el Libro de Tobías, que es considerado como escritura por algunas ramas del cristianismo y no por otras, el ángel Rafael. acompaña el personaje de Tobías, hijo de padres devotos que están sufriendo mucho. El padre, Tobias, es ciego, mientras que la madre está plagada de un príncipe demonio, Asmodeus, que ha matado a sus ex maridos.

Tobías necesita hacer un largo viaje para conseguir ayuda para ellos, por lo que Rafael se disfraza de ser humano, Azarias, y baja a acompañarlo en el viaje. En un episodio de la historia, Rafael atrapa un pez grande, y luego usa partes mágicas del mismo para curar la ceguera de Tobias y alejar a Asmodeus de su madre. La historia finalmente termina felizmente, ya que Tobias ayuda a sus virtuosos padres. La moraleja de la historia es que los justos y los devotos serán recompensados, que Dios es bueno y bondadoso. El sufrimiento se ve como una prueba de fe, más que como un castigo. En el libro, se nos dice que Rafael es uno de los siete ángeles que están delante del Señor, pero no se nos dice quiénes son los demás.

En gran parte debido a esta historia, Rafael se ha convertido en el santo patrón de los trabajadores médicos, los viajeros, los enfermos y otros necesitados. Otra historia del Nuevo Testamento habla de un ángel que se posa en un estanque donde se bañaba a los enfermos. Cuando el agua se movió, los enfermos se recuperaron de sus enfermedades. Generalmente se considera que este ángel es Rafael, aunque no se menciona por su nombre.

Además de ser representado sosteniendo la botella o frasco, a veces se representa a Rafael cargando un pez, debido a la historia mencionada anteriormente. En otras pinturas, lleva un bastón y camina junto a Tobias.

La bondad de Rafael al descender a la tierra en forma humana como compañero del joven Tobías le ha dado un lugar especial en las tradiciones religiosas de todo tipo como ángel de la guarda, especialmente de los jóvenes, los viajeros y los enfermos.

El Rafael Islámico

En el Hadiz, Israfil o Rafael, en lugar de Gabriel, se menciona como el ángel que toca el cuerno en el Día del Juicio. Se describe que el cuerno emite un estallido de verdad. La primera explosión marca el comienzo del Día del Juicio y la segunda convoca a las almas de todas las personas a reunirse, en algún lugar entre el cielo y el infierno, para ser juzgadas por su conducta durante sus vidas.

EL ARCÁNGEL URIEL

Uriel es un arcángel bastante misterioso cuyo nombre está vinculado en varias obras ocultas con Jacobo, Rafael y otros.

No aparece en los principales textos sagrados de ninguna religión, pero se menciona con bastante frecuencia en lo que se llama escritura "apócrifa", es decir, historias que la iglesia establecida generalmente no considera que sean de inspiración divina. Por ejemplo, aparece en algunas historias religiosas antiguas (por ejemplo, escritos místicos llamados evangelios gnósticos) bajo el nombre de Uriel o Fanuel como "la luz de Dios". En el Libro de Esdras, otra obra antigua, Uriel instruye al profeta Esdras en el significado de la enseñanza de Dios. Esdras nombra a varios ángeles, incluidos Miguel, Gabriel, Rafael y Uriel, como los que gobernarán el mundo al final de los tiempos.

Además, nombra a otros ángeles como Beburos, Zebuleon y Aker, que no se encuentran en ningún otro lugar de los textos religiosos.

Uriel también aparece en los apócrifos cristianos como el salvador de Juan el Bautista de los ejércitos masacradores de Herodes. También ayuda a Juan el Bautista y a la madre de Juan, Isabel, a unirse a Jesús, María y José después de haber huido a Egipto. Uriel aparece en la famosa Virgen de las Rocas de Leonardo da Vinci, sentada a la izquierda de María.

A menudo se representa a Uriel llevando un pergamino o libro, que representa la sabiduría.

Sin embargo, en otras encarnaciones, actúa como un ángel feroz y algo aterrador que lleva una espada de fuego. A veces se le identifica como la "llama de Dios", y en algunas historias se le conoce como el ángel del arrepentimiento, presidiendo a los pecadores en el Día del Juicio.

LOS VIGILANTES

. . .

Uno de los grupos de ángeles más extraños son los Vigilantes, también conocidos como Grigori. Estos ángeles se describen en el libro apócrifo de Enoc. Los Vigilantes son ángeles caídos que se han apareado con mujeres humanas, dando lugar a una raza híbrida conocida como Nefilim. En el Libro de Enoc, se dice que los Vigilantes son 200.

El líder de los Vigilantes es un ángel llamado Samyaza, cuyo nombre significa "rebelión infinita". En un pasaje bastante espeluznante, Samyaza y su grupo de ángeles, que inicialmente son enviados a la tierra para vigilar a los seres humanos, comienzan a desear mujeres.

Tienen sexo con las mujeres y nace una raza de mutantes gigantes: los Nefilim.

Los Nefilim

A diferencia de la historia de los Vigilantes, la de sus descendientes, los Nefilim, ocurre en la Biblia, en Génesis y Números. También se mencionan en varios otros textos religiosos. En la Biblia, los Nefilim se mencionan como "gigantes" que son tan grandes que los seres humanos parecen saltamontes en comparación. Estos gigantes tienen formas salvajes, y Samyaza los instruye en las artes negras y el arte de la guerra. Tienen conocimiento de técnicas que traerán destrucción sobre la tierra. Son seres malvados que intentaron desviar a los mortales comunes a través de la idolatría y las artes negras. Se sugiere, en el Libro de los Jubileos, que Dios envió el gran diluvio para librar a la tierra de los Nefilim, pero aún así algunos de ellos sobrevivieron después de eso y continúan ejerciendo una influencia demoníaca sobre los humanos cada vez que tienen la oportunidad.

En algunas interpretaciones de estos primeros textos, los Nefilim son los descendientes de Set, el tercer hijo de Adán y Eva, y hermano de Caín y Abel.

Estos descendientes se casan con el linaje de Caín, cuyo pueblo no adora a Dios. Cuando la nueva raza comenzó a comportarse mal, causando estragos en sus malos caminos, Dios se sintió impulsado a deshacerse de ellos ordenando el diluvio.

3

Encuentros Con Ángeles

COLAPSO DE UNA MINA

Los ángeles hacen muchas apariciones en las leyendas que rodean las noticias de hoy. Uno de los más extraordinarios es el del "ángel mariposa" que ayudó a salvar la vida de los mineros chilenos atrapados bajo tierra tras el accidente de Copiapó de 2010.

El ángel mariposa

La mina está ubicada en el desierto de Atacama y tenía un historial de seguridad deficiente, habiendo sido inestable durante muchos años.

. . .

El 5 de agosto de 2010, se derrumbó, dejando a 33 hombres atrapados a más de 600 metros bajo tierra. Finalmente, después de un agotador período de 69 días bajo tierra, todos los hombres fueron rescatados. Durante este tiempo, sus familiares y amigos establecieron un pequeño asentamiento en "Camp Hope" cercano, enviando mensajes de apoyo a los hombres mientras esperaban ser rescatados.

El colapso de la mina

Por la noche, las familias se apiñaban alrededor del fuego y contaban historias para animarse. Uno de ellos fue el cuento de Jorge Galeguillos, uno de los hombres atrapados en la mina. Mientras estaba bajo tierra, Galeguillos escribió una carta a su hermano Eleodoro, contándole los hechos que llevaron al accidente. Contó cómo cuando ocurrió el accidente, en el fondo de la mina, él era un pasajero en una camioneta pick-up conducida por un amigo, Franklin Lobos, ex estrella del fútbol. Mientras conducían, una losa de roca se estrelló contra la carretera detrás de ellos, perdiendo el auto por segundos.

. . .

Delante de ellos, Jorge notó una pequeña mariposa blanca.

Era tan inusual ver una mariposa en la mina que él y su amigo redujeron la velocidad del camión y se detuvieron para mirarlo. Si no lo hubieran hecho en ese mismo momento, habrían conducido directamente al área donde se derrumbó el túnel y definitivamente habrían muerto en las toneladas de escombros que se derrumbaron.

Los dos amigos quedaron atrapados en una gran avalancha de tierra y polvo, que los cegó durante algún tiempo. A su alrededor, podían sentir el túnel colapsando, bloqueando el pozo de la mina entre dos de los niveles, lo que provocó que una serie de rocas más pequeñas cayeran más abajo. Debe haber sido una experiencia aterradora, y una que los mineros nunca olvidarán. Sin embargo, Jorge y Franklin lograron conducir a un lugar seguro, encontrando su camino alrededor de los escombros que bloqueaban grandes partes del túnel, hasta que a los otros 31 mineros atrapados en otro nivel, en una zona de seguridad de solo 50 metros cuadrados de ancho.

Un ángel de la guardia

. . .

Los mineros luego especularon sobre cómo una mariposa blanca podría encontrarse a 500 metros debajo de la tierra.

Comenzaron a preguntarse si habían visto a un ángel de la guarda que los había llevado a un lugar seguro. Como la mayoría de la gente de la zona, Galeguillos era un católico devoto y tenía una fuerte creencia en los ángeles de la guarda. Además, estaba familiarizado con el folclore de la región, que estaba lleno de historias sobre animales blancos que traían buena suerte, especialmente si se veían de noche. Así, una combinación de religión y superstición lo llevó a creer que había sido señalado y rescatado por un ser de lo alto, a través de la voluntad de Dios.

El hermano de Jorge, Eleodoro, también estaba convencido de que la mariposa era un ángel que les advertía del peligro y les decía que lo evitaran. Sin duda, la aparición de la mariposa salvó la vida de los dos hombres, que habrían sido enterrados vivos si no hubiera bailado ante ellos, intrigándolos tanto que se detuvieron a mirar, y así evitaron morir aplastados.

Un milagro

. . .

Hasta la fecha, no se ha ofrecido ninguna explicación científica de cómo una mariposa pudo haber volado tan bajo tierra dentro de la mina.

Se sabe que cuando las flores florecen en el desierto, a veces se ven pequeñas mariposas blancas cerca. Sin embargo, el parche de flor más cercano estaba a más de dos kilómetros de la mina.

Algunos piensan que tal vez la mariposa podría haber sido succionada por la mina por una chimenea de ventilación cuando el túnel se derrumbó, pero tal evento parece bastante improbable. Desde el punto de vista de los mineros religiosos chilenos, la mariposa fue un milagro, una señal de la ayuda de Dios, ya que llevó a los dos hombres a un lugar seguro.

Jorge Galeguilos no fue el único minero que creyó que los hechos del 5 de agosto tenían un significado religioso.

Uno de los atrapados, Mario Sepúlveda, creía que el accidente representó un punto de inflexión en su vida y dijo: Yo estaba con Dios y el Diablo y dijo después, y Dios me llevó. Mónica Avalos, esposa del primer hombre rescatado, Florencio Avalos, creyó que Dios estuvo presente durante todo el calvario, y que el rescate que tuvo lugar fue nada menos que un milagro.

Sus sentimientos fueron compartidos por el presidente chileno, Sebastián Piñera, quien dijo: Cuando el primer minero salga sano y salvo, espero que todas las campanas de todas las iglesias de Chile suenen con alegría y esperanza. La fe ha movido montañas.

UNA NOCHE EN EL CLUB SANTIKA

Una de las historias más fascinantes de un ángel que viene al rescate se refiere a un incendio en el club nocturno Santika en Bangkok, Tailandia. El incendio estalló cuando el reloj dio la medianoche de la víspera de año nuevo de 2008, matando a 66 personas e hiriendo a más de 200. Irónicamente, la banda que tocaba en el escenario en ese momento se llamaba Burn.

El club nocturno Santika era un punto de acceso popular para los turistas y, debido a esto, la mayoría de las víctimas eran turistas de Australia, Europa, Estados Unidos, Canadá y el Lejano Oriente. No está claro qué causó el incendio, algunos alegan que fue el resultado de una exhibición pirotécnica en el escenario, algunos afirman que las bengalas entregadas a los parranderos a la medianoche iniciaron el incendio, pero parece que, cualquiera que sea la razón, las preocupaciones de seguridad no eran una prioridad en el club.

El cableado no estaba bien, los materiales de construcción en el techo eran improvisados y solo había una puerta de salida disponible para su uso; de hecho, había dos puertas más en el edificio, pero una estaba cerrada con llave para evitar robos y la otra era conocida solo por el personal del club. Barras a través de las ventanas impedían su uso como vía de escape y no existían procedimientos de emergencia en caso de incendio.

Además, los plásticos baratos que se usaban para impermeabilizar el techo producían humo tóxico cuando comenzaban a arder. Como consecuencia de esta falta de atención a la seguridad, no solo el edificio se incendió muy rápidamente, quemando y asfixiando a muchas víctimas en cuestión de minutos, sino que otras también resultaron gravemente heridas en la estampida para escapar.

La voz de un ángel

. . .

Uno de los parranderos de esa noche, Alex Wargacki, de 29 años, trabajaba como comerciante extranjero en Bangkok y había vivido allí durante cuatro años. Era originario de Finchley, al norte de Londres. Cuando estalló el incendio, se apresuró hacia la salida, junto con otros mil clubbers.

Sin embargo, la puerta era muy pequeña y una multitud de personas estaban apretujadas contra ella, lo que le impedía salir. Buscó otra salida, pero encontró todas las ventanas enrejadas. Las llamas se hicieron más altas, desde el suelo hasta el techo, y pudo oír el ruido de las ventanas que se agrietaban al ser consumidas por el fuego. Incapaz de escapar, las llamas y los vapores lo dominaron, y luchó por respirar, consciente de que no había oxígeno en sus pulmones. Cayó al suelo y perdió el conocimiento.

Lo siguiente que supo fue que cuando se despertó, escuchó una voz que le decía, "vamos, ven por aquí".

Sintió una mano apretar la suya y luego fue arrastrado hacia una salida. Una multitud se separó para dejarlo salir. Afuera, sintió el aire fresco de la noche y pudo respirar de nuevo.

. . .

Hasta el día de hoy, no sabe quién fue su salvador, pero cree que pudo haber sido un ángel. Resolvió mientras estaba en el hospital siendo tratado por quemaduras y daño pulmonar, que nunca olvidaría al ángel que le salvó la vida.

LOS COSMONAUTAS SOVIÉTICOS

En 1985, se informó del avistamiento de un ángel desde el espacio, a bordo del Salyut 7, la última estación espacial que se lanzará en el programa de la Unión Soviética.

La estación experimentó varias fallas técnicas durante su período de ocho años y dos meses en el espacio, y fue visitada por 10 tripulaciones mientras estaba en órbita.

En una ocasión, durante su estancia en la estación mientras orbitaba la tierra, el cosmonauta Vladimir Solevev y sus colegas Oleg Atkov y Leonid Kizim notaron una vista extraordinaria. Siete figuras gigantes se acercaron a la estación, todas aladas y con aspecto de seres humanos. En cada una de sus cabezas había un anillo de niebla, como un halo. Les sorprendió el hecho de que estos seres celestiales, como los llamaban, se parecían exactamente a las representaciones bíblicas y tradicionales de los ángeles.

El gran secreto

En ese momento, los cosmonautas estaban realizando una serie de experimentos médicos a bordo de la estación. Luego informaron que tenían que detenerse, ya que una nube naranja brillante cubría el área, cegandolos por un momento o dos. Cuando recuperaron su visión, los ángeles aparecieron a través de la nube. Permanecieron en los alrededores durante unos 10 minutos, pero luego desaparecieron y no reaparecieron durante varios días.

Sin embargo, poco más de dos semanas después, se volvió a ver a los ángeles. Esta vez, los testigos incluyeron a los cosmonautas Igor Volk, Vladimir Dzhanibevok y Svetlana Savitskaya (la segunda mujer en ir al espacio, después de Valentina Kereshkova, 19 años antes). Más tarde informaron que los seres brillaban con una poderosa luz naranja, y que había siete de los ángeles: Sonreían como si compartieran un glorioso secreto, recordaron más tarde los cosmonautas, pero a los pocos minutos, estaban desaparecidos, y nunca los volvimos a ver.

. . .

La teoría

Posteriormente a estos informes, surgió una teoría de la conspiración sobre el significado y la naturaleza de estos ángeles.

Según estos teóricos, el Telescopio Hubble, que se puso en órbita en 1990 y desde entonces ha sido revisado regularmente en el espacio por equipos de astronautas, ha tomado fotografías de estos seres celestes y los ha enviado a la Tierra. En estas imágenes, los ángeles son visibles, rodeados por el resplandor naranja descrito por los cosmonautas de Salyut 7.

Estas imágenes, como dice la teoría de la conspiración, han sido suprimidas por funcionarios del Vaticano, así como por las autoridades estadounidenses, soviéticas y francesas. Esto se debe a que el Vaticano cree que las imágenes causarían un pánico masivo si fueran publicadas.

La razón de esto es que los seres celestiales, lejos de ser ángeles benignos que traen buenas nuevas a la humanidad, son en realidad presagios de la perdición.

. . .

El secreto del vaticano

Se cree que, cuando se vio por primera vez la nube naranja, los científicos pensaron que habían descubierto un nuevo grupo de estrellas.

Sin embargo, cuando las imágenes generadas por computadora ampliada, se hizo evidente que la brillante nube era, de hecho, un grupo de siete ángeles volando juntos a través de la constelación Carina, que contiene Canopus, la segunda estrella más brillante del cielo, así como otros muy brillantes cúmulos de estrellas. Los ángeles fueron descritos así: Tenían unos veinticinco metros de altura y la envergadura de las alas era tan grande como la de un avión. Sus rostros eran redondos y pacíficos, y todos estaban radiantes. Parecía que estaban encantados de ser fotografiados por el telescopio Hubble. Parecían sonreír el uno al otro como si estuvieran dejando entrar al resto del universo en un glorioso secreto.

Se rumoreaba que el Vaticano no estaba muy complacido con las imágenes, creyendo que las imágenes mostraban al "ángel de luz" contra el que se advirtió en la Carta de

San Pablo a los Corintios en la Biblia. Aquí, San Pablo advierte contra ser engañado por líderes falsos: Porque éstos son falsos apóstoles, obreros engañosos, que se disfrazan como apóstoles de Cristo. Y no es de extrañar; porque el mismo Satanás se disfraza de ángel de luz. Así que, no es extraño si también sus ministros se disfrazan como ministros de justicia, cuyo fin será conforme a sus obras.

Según esta interpretación, estos ángeles anunciaron la venida de Satanás y el fin del universo, y así el Vaticano suprimió la publicación de las imágenes. Además, se cree que el número siete tiene un significado aquí, refiriéndose a los siete períodos de la iglesia. Actualmente, estamos en el quinto período, que es uno de destrucción, dolor y sufrimiento. Por lo tanto, debido a que la transmisión de esta información podría traer un mensaje de desesperación a la humanidad, en lugar de uno de esperanza, el Vaticano se ha negado a comentar las imágenes o publicarlas como evidencia de la existencia de ángeles.

4

Los Ángeles De Mons

En la batalla de Mons en 1914, los soldados británicos lucharon valientemente contra la oposición alemana cuando se ordenó a las fuerzas belgas y francesas que se retiraran. Rápidamente superados en número, los británicos quedaron expuestos y enfrentaron una derrota segura. De repente, una luz brillante brilló y ante los soldados, aparecieron arqueros fantasmales.

La batalla tuvo lugar el 23 de agosto de 1914 y fue la primera acción importante de la Fuerza Expedicionaria Británica. La batalla fue extremadamente importante, no solo en términos militares, sino también para la gente en casa, ya que el desempeño de Gran Bretaña elevaría la moral si tenía éxito.

. . .

En el campo de batalla, las fuerzas belgas y francesas comenzaron a retirarse, dejando atrás a los británicos, quienes repentinamente, y en gran medida, se vieron superados en número. Solo les quedaba una opción, luchar hasta que pudieran retirarse con seguridad. Cuando llegó el momento, sucedió algo extraordinario. De la nada, apareció una luz brillante entre las fuerzas británicas y alemanas, y figuras de ángeles se materializaron sosteniendo ballestas y espadas. Los ángeles extendieron sus alas formando una barrera protectora, permitiendo que los británicos escaparan y detuvieran el avance de los alemanes.

Los Arqueadores

Nació una leyenda, y de vuelta en su tierra natal, un autor galés llamado Arthur Machen, escribió una historia sobre la valentía de los soldados británicos para un periódico londinense, el cual era muy famoso en ese momento.

Machen era un místico conocido por sus cuentos de terror, fantasía y lo sobrenatural, que incluían una clásica historia de terror llamada El Gran Dios Pan.

. . .

En esta ocasión, Machen decidió fusionar su escritura como reportero: había escrito varios artículos sobre el progreso de la guerra para el periódico con su talento como narrador. La historia se desarrolla en el momento de la retirada de la batalla. Habló de los arqueros fantasmas, o "arqueros" que se habían aparecido a los soldados. Estos arqueros, según el cuento, eran fantasmas de hombres que habían estado presentes en la Batalla de Agincourt, una famosa batalla del siglo XV en la que el propio rey británico Enrique V condujo a sus tropas a la batalla y triunfó sobre una fuerza francesa mucho mayor. (La batalla también fue bien conocida por los arcos largos superiores que usaban los británicos).

Los seres brillantes

La historia cuenta cómo, durante la batalla, los soldados británicos pidieron ayuda a San Jorge y se sorprendieron al ver una fila de "seres brillantes" armados con arcos largos que se dispusieron a derrotar a los alemanes. Se describió en términos de un informe del frente, y el periódico se olvidó de mencionar que era ficción.

. . .

La historia patriótica tocó un punto sensible, inspirando al público británico, y rápidamente se difundieron rumores de que era verdad.

El propio Machen se sorprendió por la reacción, ya que aparentemente no se había dado cuenta de que el periódico había publicado la historia como un hecho.

Más tarde dijo que nunca había tenido la intención de crear un engaño y que estaba desconcertado por la respuesta. Recibió varias solicitudes de editores de revistas parroquiales para reimprimir la historia, y comenzó a considerarse como un informe real. Cuando se le preguntó si escribiría una breve introducción a un panfleto sobre el "suceso", se negó y comenzó a darse cuenta de que había desencadenado un gran engaño. Él comentó: Parecía que mi ficción ligera había sido aceptada por la congregación de esta iglesia en particular como el más sólido de los hechos; y fue entonces cuando me di cuenta de que si había fracasado en el arte de las letras, había triunfado, sin saberlo, en el arte del engaño.

Esto sucedió, creo, en algún momento de abril, y la bola de nieve del rumor que había estado rodando desde entonces, haciéndose más y más grande, hasta ahora está creciendo a un tamaño monstruoso.

. . .

Sin embargo, a pesar de las protestas de Machen, la leyenda siguió creciendo.

Testigos oculares contaron cómo habían visto soldados alemanes muertos en el campo de batalla, cubiertos de heridas que solo podían haber sido provocadas por flechas.

Guerreros angelicales

La historia fue retomada por psíquicos, médiums y se publicó un relato en una influyente revista espiritualista británica. Esta característica contó cómo una fuerza sobrenatural vino a ayudar a los soldados británicos en su hora de necesidad. Algunos describieron la fuerza como una hueste de guerreros angelicales, otros como viendo una nube luminosa inusualmente brillante sobre los ejércitos; otros estaban convencidos de que la ayuda divina procedía de los arqueros medievales dirigidos por San Jorge. Como en la antigüedad, abundaban las historias sobre la intervención de la mano de Dios para ayudar a la causa patriótica.

. . .

El siguiente episodio de esta extraña historia fue que en 1915, los sermones sobre los Ángeles de Mons se estaban volviendo populares en las iglesias de todas las denominaciones en Gran Bretaña.

La historia fue contada para mostrar cómo Dios estaba del lado de los británicos, y ayudaría a Inglaterra a ganar la guerra contra los alemanes. Cuando Machen trató de enfriar la situación volviendo a publicar la historia y explicando que era ficción, su acción solo avivó las llamas de la disidencia. El libro se convirtió en un éxito de ventas y muchos entusiastas se dedicaron a buscar pruebas de sus afirmaciones.

Una broma, un rumor o propaganda

El siguiente giro en la historia fue que un organismo muy respetado llamado la Sociedad para la Investigación Psíquica llevó a cabo una investigación seria sobre el fenómeno y concluyó que no había evidencia que sugiriera que una hueste celestial de ángeles, o arqueros, hubiera tenido éxito en ayudar a los soldados británicos reteniendo al ejército alemán el primer día de la batalla. La sociedad señaló que no hubo relatos de testigos presenciales de lo sucedido, y que las "visiones" que supuestamente tuvieron lugar demostraron, en la investigación, "estar fundadas en un mero rumor" y no podían ser rastreadas hasta ninguna fuente autorizada. Este parecía ser un argumento convincente, particularmente porque provenía de un cuerpo que realmente creía en la existencia de fuerzas sobrenaturales y paranormales.

Algunos creen que el creciente número de rumores que ocurrieron en 1915 no fueron simplemente obra de miembros crédulos del público. Se ha argumentado que la historia de Ángeles de Mons en realidad circuló como parte de la propaganda del gobierno británico, con el fin de mejorar la moral después de una serie de derrotas aplastantes. Durante este período, los británicos no pudieron avanzar en el frente occidental, y un gran barco británico, el Lusitania, se hundió después de ser torpedeado por los alemanes, con la pérdida de más de mil vidas.

Sin embargo, algunas historias que salieron a la luz parecían sugerir que algo extraño había sucedido en la Batalla de Mons, aunque nadie estaba muy seguro de qué era.

Algunos soldados nombrados relataron haber tenido visiones de fantasmas como jinetes en lugar de ángeles o arqueros. Estas visiones se les aparecieron durante la retirada de la batalla, en lugar de cuando los británicos estaban atacando a las fuerzas alemanas. Algunos comentaristas han sugerido que estas visiones pueden haber sido el resultado de alucinaciones causadas por enfermedades o heridas, falta de sueño y comida e inestabilidad mental general causada por la experiencia de la guerra.

En retrospectiva, parece que la historia de los Ángeles de Mons demuestra la importancia de la religión en situaciones de guerra y el afán de la población por creer que la providencia divina favorecerá a los combatientes del propio bando.

También es un ejemplo de la rapidez con que los rumores se difundieron en el contexto de cualquier gran conmoción social, especialmente en tiempos de guerra, cuando la gente siente pánico y miedo, y busca consuelo en iconos religiosos familiares. Además, la historia de Ángeles de Mons proporcionó un importante impulso a la moral en el contexto de las etapas iniciales de la Primera Guerra Mundial y, como tal, puede haber tenido un elemento de propaganda.

Una leyenda que nunca morirá

Sin embargo, la historia ha seguido inspirando y fascinando a personas de todo el mundo, y todavía se recuerda hasta el día de hoy. De hecho, en la década de 1980, la historia de los ángeles de Mons fue revivida por los movimientos cristianos y de la Nueva Era en los Estados Unidos, donde se publicó en varios libros y revistas.

Más recientemente, en 2001, un periódico británico publicó un artículo sobre los Ángeles de Mons, afirmando que un soldado veterano de la Primera Guerra Mundial, William Doidge, tenía evidencia fotográfica y fílmica del fenómeno, y aseguraba que también se había visto un ángel en Woodchester Mansion, una gran casa de campo en los Cotswolds ingleses que fue misteriosamente abandonada en 1873.

Se alegó que las imágenes de los ángeles se habían encontrado en un baúl en una tienda de antigüedades en Caerleon, cerca de donde una vez había vivido Arthur Machen. Marlon Brando, según relataba el artículo, había aportado una gran suma de dinero y estaba planeando usarlo para hacer una gran película sobre los Ángeles de Mons. Más tarde se descubrió que esta historia era un completo engaño y se convirtió en el tema de un documental de radio.

Lo que sigue siendo extraordinario en este cuento, sin embargo, es la rapidez con la que se extendió la leyenda de los Ángeles de Mons durante la Primera Guerra Mundial, tanto que se volvió casi una traición, en ese momento, dudar de ella.

Durante muchos años después, los comentaristas continuaron creyéndolo, a pesar de la insistencia de Machen en que la historia era ficción, lo que él apoyó por la falta de un testigo de primera mano confiable en la batalla.

Incluso un muy respetado historiador inglés, señaló en su historia de la guerra publicada en 1963, que la batalla fue la única en la que se observó una intervención sobrenatural, más o menos confiable, del lado británico Y hoy, periódicamente, la leyenda de los Ángeles de Mons, que acudieron en ayuda de los británicos en su hora de necesidad, sigue reviviendo.

5

El Ángel Támesis

Uno de los ángeles más famosos que se ve en Inglaterra es el Ángel Támesis en Londres. El ángel ha sido avistado en numerosas ocasiones, apareciendo generalmente en momentos de angustia. Mucha gente ha especulado sobre el ángel, algunos creen que es un guardián y otros un fantasma. El ángel fue visto desde el Gran Incendio de Londres, la Primera Guerra Mundial y la Segunda Guerra Mundial.

La mayoría de los avistamientos ocurrieron alrededor de Jubilee Gardens. En 1914, la gente se apresuró a reunirse alrededor de los muelles de Southwark después de un avistamiento informado. El ángel desapareció después de unos momentos, pero no antes de que un fotógrafo tomara una foto. La vieja imagen en blanco y negro mostraba claramente el contorno del ángel.

Otra fotografía de 1918 mostraba la imagen blanca del ángel en el Támesis. Estos no fueron los primeros avistamientos y ha habido muchos más desde entonces.

Londres en llamas

Uno de los primeros avistamientos fue después del Gran Incendio de Londres en 1666. El famoso incendio, que comenzó en una panadería, se extendió brutalmente por la ciudad y milagrosamente sólo mató a seis personas.

Los trabajadores, que estaban ocupados reconstruyendo la ciudad después de que se incendiaran las tres cuartas partes, vieron la "santa aparición", creyendo que era un ángel. Se documentaron seis avistamientos en total, incluido el de Samuel Pepys, quien registró su avistamiento en su diario. La gente se calmó con los avistamientos, algunos creyeron que el ángel los estaba cuidando. Creían que el ángel que apareció seis veces estaba relacionado con los seis hombres que murieron en el fuego. Los avistamientos después de las muertes por el fuego parecían aparecer en seis, lo que llevó a la gente a creer que la aparición puede no ser un ángel, sino las seis almas perdidas en el fuego.

La gente de la ciudad se acercó más mientras se unía para ayudar a los necesitados. Se pensó que la aparición del ángel era una señal que mostraba a la gente esperanza y guía en momentos difíciles. En ese momento, se hizo referencia al ángel como el ángel de la promesa, apareciendo en tiempos de dificultad como una señal de los buenos tiempos por venir. Aquellos que notaron los avistamientos declararon que no tenían miedo de la aparición, pero que se sentían tranquilos y a gusto. Fue el Gran Incendio de Londres el que se cree que limpió la ciudad de la plaga, una enfermedad que estaba acabando rápidamente con la población inglesa en ese momento. Esta limpieza de la ciudad estuvo ligada a la figura angelical. La gente ha pensado que quizás no fue el fuego lo que eliminó la plaga, sino el ángel.

Avistamientos recientes

Los avistamientos de ángeles no terminaron con los seis inmediatamente después del Gran Incendio de Londres.

. . .

Ha habido otros cuatro desde entonces. Algunos creyentes piensan que habrá otros dos avistamientos para completar el patrón de seis avistamientos. Algunas personas tienen miedo, ya que los avistamientos se produjeron anteriormente después de momentos de peligro y angustia.

Si el patrón es correcto, es posible que el sufrimiento venga en el futuro.

Hoy en día, la tecnología ha avanzado y los avistamientos del Ángel Támesis se han captado con la cámara. En 2006, el presentador británico David Grant estaba filmando para un nuevo programa de talentos de televisión en los bancos del Támesis. Fue captado por la cámara distrayéndose repentinamente por algo flotando sobre el Támesis: había visto al ángel. Su expresión mostró conmoción al ver tal espectáculo y murmuró lo que había visto al camarógrafo.

Otro avistamiento destacado en 2006 fue el de Jemima Waterhouse, una estudiante de la Universidad de Greenwich. Jemima caminaba para encontrarse con una amiga cuando vio una aparición alada flotando sobre el Támesis. Al principio, estaba tan sorprendida que no pudo asimilar lo que estaba viendo. Después de unos segundos, tomó una foto con su teléfono con cámara, pero la imagen apareció borrosa. Su amiga se unió a ella, pero cuando trató de ver lo que estaba mirando Waterhouse, no vio nada. La aparición había desaparecido. No fue solo el avistamiento lo que asombró a Waterhouse, sino cómo se sintió después.

Cuando Jemima y su amiga llegaron a casa, fueron a mirar la imagen en la computadora para ver si la calidad mejoraba. Vieron un contorno distinto de lo que solo podría describirse como una figura alada. Otros amigos pensaron que la imagen era un truco, pero Waterhouse sabía lo que había visto. Encontró un creyente inesperado en la Dra. Miriam Hayles que trabajaba en su Universidad. Ella leyó el ensayo de Waterhouse sobre la aparición y se interesó en su historia.

Hayles informó a Waterhouse sobre los avistamientos de ángeles en el Támesis y luego la llevó a la biblioteca para mostrarle historias similares en los libros de historia. Waterhouse se sorprendió, pero supo que era una bendición haber tenido tal visión.

Casi al mismo tiempo, hubo otro avistamiento que también fue captado por la cámara. Mario Daniello, que había salido de la estación de tren de Waterloo, se detuvo para hacerse una foto junto al Támesis.

. . .

Dijo que de repente se sintió lleno de risa y felicidad, sentimiento común entre los testigos. La imagen de su foto mostraba una figura blanca con alas borrosas detrás de él. No vio al ángel directamente, pero sintió que había algo espiritual allí.

Las Teorías

Ha habido muchas teorías sobre el ángel del Támesis. Algunos creen que hay personas que tienen ciertas habilidades que les permiten ver al ángel cuando otras no pueden. Otros creen que el ángel no es un mensajero de Dios, sino un espíritu puro que guarda la ciudad. Hay algunas personas que creen en el antiguo ángel de la promesa; esta teoría en particular compara al Ángel del Támesis con el arco iris de la promesa en Génesis. La idea era que el avistamiento del ángel era una promesa de Dios de que cualquier desastre que hubiera ocurrido no volvería a suceder. Sin embargo, los avistamientos recientes ponen a prueba esa teoría ya que no hubo desastres que sucedieron. Una cosa que todas las diferentes teorías tienen en común es que ninguna disputa que el ángel sea bueno, todos los avistamientos señalaron que el ángel irradiaba calma y tranquilidad. El ángel ha sido visto en fotografías, CCTV, video y a simple vista y ha sido la inspiración de muchos artistas que han intentado plasmar la misteriosa figura en pinturas y dibujos. Es evidente que el ángel ha registrado muchos avistamientos a lo largo de la historia y sigue activo en la toma de apariciones en el Támesis. El ángel da sentimientos de esperanza y serenidad a quienes lo ven. La idea de que un ser espiritual ha estado protegiendo la ciudad y velando por su gente es algo que la gente de Londres encuentra muy reconfortante y edificante.

6

El Arcángel Miguel Y Antonia D'astonac

En el siglo XVIII, en el año 1751, una monja carmelita, Antonia d'Astonac, informó de un encuentro con el arcángel Miguel. Ella informó que él se le apareció un día y le dijo que deseaba ser honrado con nueve saludos correspondientes a los nueve coros de ángeles.

"Por la intercesión de San Miguel y el coro celestial de serafines, que el Señor nos haga dignos de arder con el fuego de la perfecta caridad. Amén."

Este y los otros saludos debían, según Antonia, ser seguidos por la recitación de una oración del Padre Nuestro y tres oraciones del Ave María. El arcángel continuó:

. . .

"Quien practique esta devoción tendrá una escolta de nueve ángeles al acercarse al altar para recibir la comunión, contará con mi asistencia continua y la de todos los ángeles a lo largo de la vida, y tendrá liberación del purgatorio para él y sus familiares después de la muerte".

La capilla de San Miguel

El arcángel también ordenó la recitación de una corona u oración en su honor. Cita todos los tipos de ángeles que se mencionan en la Biblia:

1. Por la intercesión de Miguel, el Arcángel y el Coro Celestial de Serafines, que el Señor nos haga dignos de arder con el fuego de la perfecta caridad. Amén.

2. Por la intercesión de Miguel, el Arcángel y el Coro celestial de Querubines, que el Señor nos conceda la gracia de dejar los caminos del pecado y correr por los caminos de la perfección cristiana. Amén.

3. Por la intercesión de Miguel, el Arcángel y el Coro de Tronos celestial, que el Señor infunda en nuestros corazones un verdadero y sincero espíritu de humildad. Amén.

4. Por la intercesión de Miguel, el Arcángel y el Coro celestial de Dominios, que el Señor nos dé la gracia para

gobernar nuestros sentidos y vencer cualquier pasión rebelde. Amén.

5. Por la intercesión de Miguel, el Arcángel y el Coro celestial de Poderes, que el Señor proteja nuestras almas contra las trampas y tentaciones del diablo. Amén.

6. Por la intercesión de Miguel, el Arcángel y el Coro celestial de las Virtudes, que el Señor nos proteja del mal y de caer en la tentación. Amén.

Estos son solo algunos ejemplos. Luego se le indicó al suplicante que dijera oraciones en honor a los arcángeles Gabriel, Rafael y su ángel de la guarda.

En 1851, el Papa Pío IX aprobó esta coronilla y pasó a formar parte de la liturgia de la Iglesia católica. De esta manera, la visión de Antonia D'Astónac del Arcángel Miguel y su oración al ángel se incorporó a la doctrina católica y sigue siendo un aspecto importante de la angelología en la iglesia católica hasta el día de hoy.

7

La Visión De Joseph Smith Jr

Joseph Smith Jr era un líder religioso estadounidense del siglo XIX, que creía que un ángel se le había aparecido en una visión y le contó acerca de un libro de planchas de oro que contenía una historia de los primeros pueblos estadounidenses, que fueron enterrados en una caja cerca de su hogar. Smith recuperó las planchas, que aparentemente estaban inscritas con esta historia, e informó que había podido traducir el idioma desconocido escrito en las planchas al inglés.

En 1830, publicó su traducción de las planchas de oro como Libro de Mormón. Atrajo a muchos seguidores y estableció lo que más tarde se conocería como la Iglesia de los Santos de los Últimos Días. Smith también dio un relato de su visión, que describió en los siguientes términos:

Mientras estaba así en el acto de invocar a Dios, descubrí que una luz aparecía en mi habitación, que continuó aumentando hasta que la habitación estaba más iluminada que al mediodía, cuando de inmediato un personaje apareció junto a mi cama, de pie en el aire, porque sus pies no tocaban el suelo. Llevaba puesta una túnica suelta de la más exquisita blancura. Era una blancura más allá de cualquier cosa terrenal que jamás había visto, ni creo que ninguna cosa terrenal pudiera parecer tan extremadamente blanca y brillante. No solo su túnica era extremadamente blanca, sino que toda su persona era gloriosa más allá de toda descripción. y su rostro verdaderamente como un relámpago. La habitación era sumamente luminosa, pero no tanto como la que rodeaba a su persona. Cuando lo miré por primera vez, tuve miedo; pero el miedo pronto me abandonó.

El ángel Moroni

Smith luego identificó al ángel como el ángel Moroni, quien continuó visitándolo después de su primera visión el 21 de septiembre de 1823. El ángel también se apareció a otros testigos. Se decía que el ángel era la reencarnación de un antiguo profeta y guerrero que había muerto librando una batalla entre dos civilizaciones precolombinas.

El profeta resucitó como un ángel y se le confió las planchas de oro del Libro de Mormón, que luego le dio a Joseph Smith Jr., quien luego fundó su propia iglesia.

Hay cierta confusión en ciertos sectores en cuanto a la verdadera naturaleza del ángel Moroni. Algunos han señalado el hecho. que en las primeras descripciones del ángel, Smith se refirió a él como "Nefi", a quien se menciona en el Libro de Mormón como el autor de los dos primeros volúmenes y el líder del pueblo nefita, que vivió alrededor del 600 a. C. Posteriormente, el nombre se cambió a Moroni. Otros afirman que Moroni bien podría ser una manifestación de Lucifer o uno de los ángeles caídos. Esto se basa en una observación de San Pablo en su Carta a los Corintios de que Satanás a veces se disfraza de "ángel de luz". Sin embargo, dado que se describe a la mayoría de los ángeles como rodeados de luz brillante, esta no parece ser una objeción muy específica.

Algunos críticos han mencionado el hecho de que el nombre "Moroni" aparece en las historias de aventuras del Capitán William Kidd, con las que Smith puede estar familiarizado. Se pensaba que Kidd había enterrado su tesoro en las islas Comoras, cuya capital es Moroni.

La teoría dice que Smith también tuvo la idea de "tesoro enterrado" en las planchas de oro de las historias de Kidd, y llamó a la colina donde encontró los platos "Cumorah", que es un nombre bastante similar a Comoras. Sin embargo, esto es simplemente una conjetura, como señalan los apologistas de la Iglesia de los Santos de los Últimos Días. En las imágenes modernas del ángel Moroni, como las estatuas, a menudo se lo muestra tocando una trompeta y de pie en la portada del Libro de Mormón.

8

Los Ángeles En Medio De La Desgracia

Mucha gente cree que los ángeles trabajan a través de los seres humanos, habitando sus almas, mentes y cuerpos para hacer el bien en la tierra.

Esta fue la leyenda detrás de los ángeles de Edgware Road, dos hombres comunes que demostraron un enorme coraje y valentía en medio de la matanza de los atentados de Londres del 7 de julio de 2005.

Uno de estos hombres fue Tim Coulson, un profesor de arte de 53 años que trató de salvar la vida del empresario Stan Brewster, y que logró rescatar a la oficinista Alison Sayer, manteniéndola con vida hasta que llegó la ayuda médica.

· · ·

Escenario de pesadilla

Partiendo hacia una conferencia el 7 de julio, en un tren de metro lleno con destino a la estación de tren de Paddington, Coulson no tenía idea de que, solo unos momentos después, estaría involucrado en una pesadilla.

Al recordar el escenario de un programa de televisión, un documental, dijo que había habido un espíritu positivo en el carruaje ese día, ya que Londres acababa de ganar su candidatura para albergar los Juegos Olímpicos. Pero, sin que él ni los demás pasajeros lo supieran, el terrorista islámico Mohammad Sidique Khan acababa de abordar el tren con una mochila llena de explosivos y estaba a punto de hacer estallar el vagón.

Cuando el tren pasó junto a otro, hubo una explosión masiva. El humo negro llenó el vagón, ahogando a los pasajeros.

El tren se detuvo, las luces se apagaron y un vil olor a quemado penetró en el vagón. Coulson estaba aturdido y su primer instinto fue comprobar si todavía tenía todas sus extremidades. Al igual que todos los demás en el carruaje, no tenía ni idea de lo que estaba pasando.

Las heridas

Luego llegó un mensaje por el sistema de megafonía, pidiendo a las personas con conocimientos médicos y de primeros auxilios que fueran a la parte trasera del tren. Aunque Tim no tenía ningún entrenamiento especializado, en lugar de salir corriendo de la escena lo más rápido posible, como la mayoría de los otros pasajeros, un instinto le dijo que se quedara y ayudara a los heridos. Esto fue a pesar del hecho de que era una escena peligrosa y aterradora, y que muchos de los heridos tenían heridas horribles. De los cientos de pasajeros del tren, solo había otros dos que se quedaron, como él, para ver si podían ayudar: el escritor canadiense Peter Zimonjic y la licenciada en artes Susanna Pell.

Los tres "ángeles" encontraron una barra de herramientas de emergencia y rompieron la ventana de vidrio del carruaje. En el interior, encontraron un baño de sangre.

Todavía estaba oscuro, y la mayoría de los pasajeros supervivientes no pudieron oír cuando los llamaron, porque la explosión les había perforado los tímpanos. Sin embargo, los ángeles entraron para ver qué podían hacer para ayudar.

Coulson se abrió paso entre los cadáveres hacia un hombre cuya parte superior del cuerpo salía de un agujero en el suelo del tren. Estaba vivo, pero no podía moverse. Para liberar las piernas del hombre, Coulson se arrastró debajo del tren, pero para su horror descubrió que las piernas yacían en el suelo, separadas del cuerpo del hombre. Volvió a subir y acunó al hombre en sus brazos hasta que murió. Cuando el hombre murió, Coulson dijo una oración por él y cerró los ojos por él.

Más tarde, Coulson descubrió que el hombre era Michael Brewster, conocido como "Stan", y que tenía la misma edad que él. Brewster había estado viajando a Londres para asistir a una conferencia, como él. Coulson recuerda sentirse triste cuando se dio cuenta de que los paralelos entre la víctima y el rescatador eran tan estrechos; fácilmente podría haber sido él, no Brewster, quien murió en el tren ese día.

Salvando una vida

. . .

Después de haber pasado por este trauma, Coulson luego buscó a otra persona herida para ayudar. Respondió a los gritos de una joven tendida en la vía, que había sido arrojada del tren.

Alison Sayer había quedado inconsciente por el golpe y estaba recuperándose, confundida y asustada. También resultó gravemente herida, perdiendo sangre de una pierna herida y con un ojo hinchado. Coulson sabía que ella podría morir, pero no le transmitió sus temores; en cambio, la mantuvo hablando, tratando de distraerla para que no entrara en pánico. Mientras tanto, estaba preocupado por lo que había sucedido y si había más explosiones en camino. También le preocupaba quedarse porque tenía esposa y tres hijos adultos y sentía la responsabilidad de salir de peligro por su bien. Sin embargo, no le comunicó sus temores a la joven y permaneció con ella, hablándole de su dolor y terror.

Después de una hora agotadora, Coulson vio una luz que bajaba por el túnel. Era un paramédico que llevaba una antorcha. Ayudó al paramédico a administrar oxígeno a la mujer herida y los acompañó hasta la estación, sosteniendo el cilindro de oxígeno. Cuando vio la luz del sol de la calle, se sintió entumecido. Más tarde dijo: No recuerdo haber sentido alivio. No recuerdo haber sentido nada.

. . .

En el hospital, Coulson pudo comunicarse con su esposa y se fue a casa. Sin embargo, luego del suceso sufrió un estrés postraumático, que se prolongó durante meses. Alison Sayer fue operada en el hospital y los médicos lograron salvar tanto su pierna como su vista.

Luego se fue a su casa en Australia, donde ella y Coulson comenzaron una estrecha correspondencia. Más tarde ese año, Coulson recibió un premio de la Royal Humane Society, y Sayer envió una carta abierta contándole al mundo sobre su valentía.

Coulson logró recuperarse del horror de su experiencia dando un paseo todos los días por el río Támesis y mirando su jardín lleno de rosas, atendido por su esposa.

Sin embargo, después del incidente, no pudo reanudar su trabajo, ya que continuó experimentando estrés postraumático. Aunque se sometió a una terapia cognitivo-conductual y trató de volver a la enseñanza, se encontró incapaz de hacerlo.

Hoy, está triste por la oportunidad perdida de enseñar, que era un trabajo que amaba, pero no guarda resentimiento por lo que le sucedió. Él piensa que dado que el atacante está muerto, vio su cuerpo en la escena, no tiene sentido sentirse enojado por los eventos. Sin embargo, le resulta difícil creer que alguien pueda causar voluntariamente tal sufrimiento a personas inocentes.

Sigue siendo filosófico sobre las profundas cicatrices mentales que le quedaron, de las cuales sabe que nunca se curará por completo. He llegado a aceptar que no seré la persona que era, dice, pero eso me parece bien.

Final feliz

Otro "ángel" improbable en la escena fue un ex bombero, Paul Dadge, que caminaba por Edgware Road cuando se encontró con la escena del caos después de la explosión de la bomba. En lugar de apresurarse, se quedó para ayudar a instalar un centro médico de emergencia en una tienda cercana, para atender a los heridos que caminaban. Durante este proceso, que involucró coordinar y consolar a cientos de personas asustadas y heridas, hubo una alerta de emergencia y la tienda fue evacuada. Salió con una paciente, Davinia Turrell, que llevaba una máscara sobre la cara quemada. Mientras salían, Dadge escuchó el clic de un centenar de cámaras y supo que su foto aparecería en los periódicos al día siguiente.

Su predicción resultó acertada y, al día siguiente, la imagen había sido enviada a todo el mundo: la impactante imagen de la mujer de la máscara con Dadge a su lado. A Dadge y Turrell se les ofreció dinero por sus historias, pero Turrell no quiso hablar con la prensa.

Dadge finalmente habló, aunque insiste en que no recibió pago por las entrevistas.

Él dijo que el bombardeo había cambiado su percepción de los londinenses como egoístas e irreflexivos, y que se había dado cuenta de que había un espíritu de comunidad entre la gente cuando sobrevino el desastre.

También anunció que, cuando las imágenes llegaron a los periódicos, una antigua novia se puso en contacto con él. La pareja se reunió y ha estado junta desde entonces.

ÁNGELES DEL TSUNAMI

. . .

El 6 de diciembre de 2004, un terremoto submarino provocó una serie de tsunamis catastróficos en las costas del Océano Índico. Olas de hasta 30 metros de altura se estrellaron contra 14 países y mataron a más de 230,000 personas. Tailandia, Indonesia, India y Sri Lanka fueron los más afectados y sufrieron graves daños.

El terremoto que causó el desastre natural fue el tercero más grande jamás registrado.

Tilly Smith

En 2004, Tilly Smith y su familia de Surrey, Inglaterra, estaban de vacaciones en la playa de Mai Khao, Tailandia. Estaban disfrutando de un día cuando Tilly, de 11 años, notó que el mar se había vuelto espumoso y burbujeaba. Reconoció estos signos de un tsunami inminente ya que se había enterado del tsunami de Hawái en una lección de geografía de la escuela dos semanas antes. Tilly buscó a sus padres de inmediato. Ella les dijo lo que había visto, pero no estaban convencidos. Ella se empezó a impacientar con la incredulidad de sus padres y se puso histérica, sabía que un tsunami estaba a punto de golpear pero nadie la creía. Sus instintos le decían que se alejara lo más posible de la costa pero no quería dejar a su familia y a la gente en la playa detrás. Después de que Smith suplicara a sus padres, su padre fue y le contó a un guardia de seguridad sobre la predicción de su hija. El guardia dio las alarmas y más de 100 personas fueron evacuadas de inmediato de la playa. Después de la evacuación, el tsunami golpeó la costa como predijo la joven.

Debido a esta predicción, la playa de Mai Khao fue una de las únicas playas de la isla que no registró víctimas.

Tilly, que había salvado a más de 100 personas, fue considerada como un ángel que había previsto un evento devastador. Ella fue la única persona que predijo el tsunami en la playa de Mai Khao. La gente estaba intrigada sobre por qué solo una niña vio las señales del desastre, algunos teorizaron que era porque estaba destinada a salvar a todas esas personas con el acto de un ángel. Debido al coraje y determinación de Smith, ella recibió el Premio Especial Thomas Grey de la Marine Society y Sea Cadets. También apareció en las Naciones Unidas un año después del tsunami y se reunió con el presidente estadounidense. Smith asistió para resaltar la importancia de la educación, pero otros piensan en su predicción no como una suposición educada, sino un acto del destino.

. . .

Tilly Smith siempre será considerada un ángel en Tailandia.

Jess Maulder

Jess Maulder, una estudiante de medicina de Melbourne, Australia, estaba en Tailandia de vacaciones en 2004. Cuando golpeó el tsunami, hubo devastación y muerte por todas partes. Maulder supo instintivamente que quería ayudar, por lo que se convirtió en voluntaria y trabajó en una morgue a 250 km al sur de Phuket. Trabajó con diligencia, inicialmente ayudando a los médicos a identificar los cadáveres en la morgue. Una de sus funciones era colocar los cadáveres y observar las características únicas que podrían ayudar a identificar al difunto. Fue un trabajo difícil, pero Maulder fue valiente y mostró profesionalismo y compostura. Fue una de las pocas voluntarias internacionales que ayudó inicialmente después del tsunami.

Después de salir de Tailandia, Maulder pasó el resto de sus vacaciones universitarias ayudando a las víctimas del tsunami en Sri Lanka. Se situó en Arugam Bay, un centro de la devastación. Cuando golpeó el tsunami, más de 200 personas murieron allí cuando las olas de 12 m se estrellaron 2 km tierra adentro. Miles de personas perdieron sus hogares debido a que la mayoría de los edificios fueron derribados por las monstruosas olas. Con la ayuda de su hermano, Maulder se puso manos a la obra.

Estaba consternada de que las personas abandonadas afectadas aún no hubieran recibido ayuda del gobierno o atención de las organizaciones de ayuda. La pareja ayudó a construir casas, tiendas y carreteras, pero la mayor parte de su trabajo se dedicó a ayudar a las personas en los campos de refugiados. Muchas enfermedades circularon rápidamente debido a las condiciones sucias y húmedas.

Había pocos médicos, por lo que Maulder tuvo que tratar a muchos de los heridos ella misma, con pocos suministros médicos. No solo trató a los heridos y enfermos, sino que también brindó consuelo y simpatía a quienes habían perdido a sus seres queridos. Maulder pasó incontables horas tratando de identificar cadáveres y personas perdidas. Quería reunir a los muertos con sus familias para que las familias tuvieran tranquilidad. Su caridad y ternura llevan a la gente a creer que ella es un ángel moderno y un héroe del tsunami. También dijo: Creo que cuando llegue a casa será difícil para la gente entender la magnitud del sufrimiento que hemos visto. ¡No ven a las familias que tienen que venir a recoger los cuerpos totalmente monstruosos que quedan!

En reconocimiento a sus esfuerzos, Maulder fue votada Mujer Australiana del Año por los lectores de un periódico. Maulder deseaba regresar a Phuket en el aniversario del tsunami para asistir al servicio conmemorativo, pero el gobierno australiano se negó a financiarla. El gobierno declaró que solo financian a los que han perdido a sus seres queridos para que asistan al servicio, no a los voluntarios. Sin embargo, el agente de viajes australiano David Goldman reconoció los esfuerzos de Maulder durante el tsunami y reservó sus vuelos de cortesía para que pudiera asistir. Maulder no tenía el deber de ayudar; ella ayudó por bondad y amor.

Ella había consolado a muchas personas en duelo y era una voluntaria valiosa en los lugares más devastados. Maulder y Smith, que eran ambos veraneantes, hicieron todo lo posible para salvar vidas y marcar la diferencia. Siempre serán recordados como ángeles del tsunami.

LOS ÁNGELES DEL 11 DE SEPTIEMBRE

. . .

Los devastadores ataques que tuvieron lugar en los Estados Unidos el 11 de septiembre de 2001 han sido constantemente interpretados y reinterpretados por historiadores y comentaristas sociales desde ese fatídico día en que perdieron la vida cerca de 3,000 víctimas, incluidos los 19 secuestradores. En Nueva York, 343 bomberos y 60 policías también murieron mientras acudían al lugar; a veces se les llama "los ángeles del 11 de septiembre".

En un intento de darle sentido a la atrocidad, muchas personas han interpretado el significado religioso de los eventos, afirmando que los ángeles estaban presentes, ya sea en la forma de los valientes rescatadores o en la forma de los "ángeles que caen" que saltaron de los rascacielos para sus muertes.

El lenguaje de la moral religiosa, del bien y del mal, ángeles y demonios, también ha sido reforzado por líderes del gobierno estadounidense, como el presidente Bush, y por una población profundamente religiosa conmocionada y horrorizada por la brutalidad del ataque al corazón de la nación.

Satanás presente

. . .

Una de las más comunes de estas teorías religiosas es que se podía ver el rostro del ángel de la muerte, o Satanás, en el humo que salía de las Torres Gemelas.

Desde entonces, varios expertos han analizado las imágenes del desastre y, en ciertos puntos, se pueden ver imágenes en forma de columnas de humo. Un fotograma revela un patrón de cabezas esqueléticas y, en un caso, una figura esquelética con el brazo extendido, agitando lo que parece ser un arma. También se pueden ver formas de alas en el humo, perfiladas contra el cielo. Nadie puede negar que la escena del ataque al World Trade Center fue ciertamente como una visión bíblica del infierno, con fuego, humo, cenizas, escombros y seres humanos presos del pánico atrapados debajo de las torres en llamas.

El mal

La idea de que el "mal" había visitado Estados Unidos ese día fue asumida por el presidente Bush inmediatamente después de los acontecimientos del 11 de septiembre. En lugar de señalar a los culpables como un pequeño grupo de fanáticos religiosos enloquecidos, declaró una guerra nacional contra el terrorismo y, en un discurso a la nación, habló de un "eje del mal" contra el que Estados Unidos debe luchar para preservar la decencia y la democracia alrededor del mundo. Su elección de palabras reveló que él, junto con muchos otros estadounidenses, todavía era un ferviente creyente en un Antiguo Testamento profundamente religioso. Una ideología que había cambiado poco desde el siglo XIX, en el que el mundo se representaba como un lugar de ángeles vengativos, espíritus malignos y un conflicto continuo entre las fuerzas del bien y el mal, que aún se libra a diario en el nuevo milenio.

Quizás sea en parte por esta razón que las columnas de humo de las torres gemelas en llamas continúan siendo analizadas en busca de avistamientos del ángel de la muerte visitando el horror y la destrucción de una población inocente, desde un cielo azul claro y tranquilo en esa mañana soleada en septiembre de 2001.

Un ángel caído

Además de la teoría del "ángel de la muerte", hay mucha especulación en torno a una fotografía de un hombre desconocido que cae saltando de una de las torres para evitar ser quemado vivo o asfixiado por los humos.

Todo Sobre los Ángeles

. . .

La toma, tomada por el fotógrafo Richard Drew a las 9:41 am, mientras el caos se hacía más aterrador, muestra a un hombre cayendo por el costado del rascacielos, boca abajo.

Parece estar cayendo de cabeza, aunque de hecho, como se ha señalado, esta foto era solo una foto fija, y otras tomas en la misma secuencia lo muestran cayendo al suelo de la manera normal.

A pesar de muchos intentos de averiguar exactamente quién era el hombre, su identidad sigue siendo un misterio y, por lo tanto, hoy sigue siendo un símbolo de los eventos del 11 de septiembre, al igual que la tumba del Soldado Desconocido nos recuerda a las grandes guerras libradas por soldados olvidados a lo largo de la historia.

¿Será un símbolo de estos tiempos?

Sin embargo, a diferencia del Soldado Desconocido, el Ángel Caído, como se le ha llamado, es en gran medida una imagen de nuestro tiempo: no está librando una guerra en un campo de batalla, ni siquiera en un avión, sino que se dirige solo a su muerte, volando por los aires, habiendo saltado presa del pánico desde una ventana alta en un rascacielos de Nueva York, uno de los grandes símbolos del capitalismo moderno. Somos conscientes, cuando miramos la fotografía, que el hombre ha entrado en pánico y saltó por impulso: no sabe qué causó la explosión, o por qué ha sucedido. Su enemigo es invisible y desconocido. Su muerte llega repentinamente y no tiene control, poder ni comprensión de su destino.

Su abrupto e inesperado descenso hacia la muerte en un día rutinario cuando iba a trabajar en su oficina es quizás lo que más teme la humanidad del siglo XXI: la repentina desaparición de nuestra cada vez más compleja civilización global, ya sea a través del "mal" o de un desastre natural imprevisto, causando una muerte instantánea, de modo que no podamos revisar nuestras vidas, planificar la vida o incluso despedirnos de nuestros seres queridos.

En este contexto, es fácil ver por qué el presidente Bush habría invocado un antiguo sistema de creencias, centrado en la guerra entre el bien y el mal, para tratar de explicar lo que sucedió el 11 de septiembre. Pudo haber sentido que el simple mensaje cristiano de luchar contra el mal con el bien, de defender la decencia contra un ataque de brutalidad, era un antídoto claro y reconfortante contra la alienación que provoca el pánico en la vida moderna, en la que todos sabemos que los desastres, ya sean terroristas o que tengan que ver con otros problemas importantes causados por el mal funcionamiento de nuestro mundo cada vez más técnico pueden surgir de la nada. También puede haber estado tratando de tranquilizar a la población de que sus amos políticos tenían el control y podían protegerlos de los ataques, a pesar de que, claramente, en ese fatídico día, no lo estaban. Así, para muchos, la imagen "del ángel caído" se ha vuelto icónica, y parece resumir nuestro miedo de que el hombre del siglo XXI esté perdido, alienado, impotente y solo, como suspendido en el espacio, dirigiéndose abruptamente hacia la destrucción.

Se ha especulado mucho sobre los eventos del 11 de septiembre, pero un hecho que no se puede discutir es el heroísmo mostrado por las diversas unidades de respuesta a emergencias de Nueva York.

Además de estos valientes hombres y mujeres, muchos de los cuales perdieron a sus colegas ese día, ha habido informes de misteriosos ayudantes en la escena. Una mujer afirmó que fue sacada de los escombros y el polvo de la Torre Sur derrumbada por una figura, una que ahora no puede describir con precisión, y que cuando se encontró afuera y libre de peligro, esta figura había desaparecido. Un hombre que trabajaba en la Torre Norte describió cómo estaba atrapado debajo de un cemento y esperando ansiosamente que llegara ayuda.

Rezó para sí mismo para que los servicios de emergencia lo encontraran, y cuando comenzó a temer lo peor, una sensación de calma se apoderó de él, y sintió como si su cuerpo brillara con esperanza y paz. Segundos después, los bomberos lo encontraron y le salvaron la vida. Hay muchos que creen que los ángeles asistieron a la escena ese día, de tipo mortal e inmortal.

9

Ángeles Caídos Del Cielo

FLORENCE NIGHTINGALE

Florence Nightingale nació el 12 de mayo de 1820 en Florencia, Italia.

Su madre Frances Smith y su padre William Edward Nightingale eran una pareja adinerada que recorrió Europa durante los dos primeros años de su matrimonio.

Cuando Florence tenía 17 años, recibió un llamado de Dios para ayudar a los demás, pero no estaba segura de cómo hacerlo. Decidió dedicarse a la enfermería.

. . .

KARL FERNANDEZ

El ángel ministro

En 1850, Florence comenzó su formación en enfermería en el Instituto. de San Vicente de Paúl en Alejandría, Egipto. En su regreso a Londres, tomó un trabajo no remunerado en el Establecimiento para Gentlewomen during Illness en Harley Street.

Cuando comenzó la guerra de Crimea, Florence, en respuesta a una carta de su amigo Sidney Herbert, viajó a Turquía para supervisar a las enfermeras en los hospitales militares. Florence fue perturbada por el sistema hospitalario y se dispuso a cambiar. Ella luchó por mejores condiciones dentro del hospital y como resultado redujo dramáticamente la tasa de mortalidad. A su regreso a Londres, Florence procedió a luchar por mejoras básicas en los hospitales militares de Inglaterra y, al hacerlo, llamó la atención de la Reina Victoria. Se conoció el caso de Florence y de ahí nació la creación de la Comisión Real de Salud del Ejército. Debido a sus enérgicos logros, Florence se convirtió en la primera mujer en ser elegida miembro de la Royal Statistical Society. Fue durante este tiempo que un informe en un periódico muy famoso hablaba de Florence como un ángel, una idea de lo que demuestra cómo fue percibida en ese momento.

. . .

La describían así: Ella es un "ángel ministrador" sin exageración alguna en estos hospitales, y mientras su esbelta figura se desliza silenciosamente por cada pasillo, el rostro de cada pobre se suaviza con gratitud al verla. Cuando todos los médicos se hayan retirado para pasar la noche y el silencio y la oscuridad se hayan asentado sobre esos miles de postrados enfermos, se la podrá observar sola, con una pequeña lámpara en la mano, haciendo sus rondas solitarias.

Luego, Florence estableció la Escuela de Formación Nightingale para Enfermeras en el Hospital St Thomas de Londres. El modelo Nightingale se utilizó para capacitar a las enfermeras y luego se enviaron a toda Gran Bretaña. Usaron el modelo para asegurarse de que los hospitales militares fueran higiénicos y eficientes. Se publicaron sus notas sobre enfermería y sus teorías todavía se utilizan en la actualidad.

Una vida desinteresada

Florence tenía un claro respeto por los demás y ayudó a salvar a muchas personas. Se la consideraba una santa por sus costumbres rectas y desinteresadas, pero era una mujer humilde que se sentía incómoda ante la atención pública.

Ella dedicó su vida a ayudar y salvar vidas, viviendo una vida de autosacrificio para poder responder a un llamado mayor. Algunos pensaban en ella como un ángel enviado para ayudar a la gente. Está claro que ella era una guardiana con tiernas simpatías por los necesitados. En 1883, la Reina Victoria otorgó a Florencia la Real Cruz Roja por su trabajo y en 1907 se convirtió en la primera mujer en obtener la Orden del Mérito de Eduardo VII. Florence murió en 1910 soltera. Su decisión de no casarse no se debió a la falta de oportunidades.

Creía que Dios la había marcado para ser mujer soltera y cumplir su destino de ángel terrenal.

MARY JANE SEACOLE

Mary Jane Seacole nació Mary Grant en Kingston, Jamaica, en 1805. Su padre era un oficial militar escocés y su madre una descendiente jamaicana de esclavos africanos. La madre de Mary era una mujer amable y generosa que tenía una pensión para los soldados en recuperación. Mary era de raza mixta y debido a la desigualdad racial en ese momento, su familia tenía pocos derechos. Pero Mary estaba decidida a hacer un cambio.

Mary se educó y se especializó en enfermería. Cuando estalló la guerra de Crimea, viajó a Inglaterra para pedirle a la Oficina de Guerra que la enviara a atender a los soldados heridos. La Oficina de Guerra denegó su solicitud. La negativa sólo alimentó el deseo de Mary de ayudar, por lo que financió su propio camino a Crimea, donde en 1856 estableció el Hotel Británico donde trabajó para crear alojamientos seguros y cómodos para los soldados heridos y enfermos. Esto lo financió ella sola. Habiendo pasado tiempo anteriormente en el Caribe, América Central y Gran Bretaña, Mary aprendió ideas médicas europeas, que luego combinó con sus propios métodos tradicionales.

Mary era caritativa, desinteresada y se sabía que visitaba el campo de batalla incluso bajo fuego para atender a los soldados heridos. Su valentía y amabilidad la hicieron conocida como "Madre Seacole".

Esto también se debía a que trataba a los soldados con tanto cariño como si fueran sus hijos. Sin embargo, después de que terminó la guerra, Mary se declaró en bancarrota porque todo su dinero se había ido al hotel, aunque el dinero era insignificante para ella, ya que sentía que ayudar a los demás no tenía precio. La prensa británica no sintió lo mismo y recaudó suficiente dinero para pagar sus deudas.

El ángel de la Misericordia

En 1850, Mary viajó a Panamá y abrió otra pensión ya que estaba disgustada por las insalubres condiciones allí.

Mary vio que las enfermedades tropicales se estaban extendiendo rápidamente, especialmente el cólera. Al ser una mujer de color, los lugareños se mostraron reacios a aceptar su ayuda inicialmente, pero Mary prevaleció y ganó su aprobación. Trabajó día y noche para mejorar las condiciones de los pacientes y, al hacerlo, salvó muchas vidas y provocó cambios. Los lugareños luego la llamaron Ángel de la Misericordia. Viajó a Jamaica en 1853 justo cuando estalló una grave epidemia de fiebre amarilla, una vez más trabajó con diligencia para tratar a los enfermos.

Mary regresó a Inglaterra con mala salud después de pasar muchos años ayudando a otros. En 1857, público un libro con todas sus historias y todo lo que recordaba.

. . .

Se convirtió en una figura muy conocida, pero sus mayores logros radicaron en su trabajo como enfermera.

Mary nació como sanadora y pasó su vida luchando contra los prejuicios para marcar la diferencia.

Mary Jane Seacole es una figura inolvidable que ha tocado el corazón de muchos. Fue galardonada con la medalla de Crimea, la Legión de Honor francesa y la Medalla turca por su trabajo. Mary murió en 1881 pero su legado aún permanece. La obra celestial de María nos invita a verla como un ángel terrenal.

ANITA GOULDEN

Anita Goulden nació en Manchester, Inglaterra, en 1919. Después de un breve matrimonio con John Goulden, decidió tomar unas cortas vacaciones para ver a su hermano en Perú. Cuando llegó, se sorprendió. Había querido ver Piura por su belleza. Sin embargo, fue algo completamente diferente lo que llamó su atención.

. . .

Goulden vio a muchos niños abandonados colapsados junto a la carretera, hambrientos y enfermos. La mayoría padecía meningitis o tuberculosis. Nadie se detuvo para ayudar ni mostró compasión por los niños descartados.

Goulden no podía creer lo que veía y sabía que tenía que ayudar en todo lo que pudiera.

Ni en mis sueños más locos, había llegado a pensar en seres humanos viviendo en condiciones tan espantosas. La espantosa pobreza. La indiferencia de los que me rodean.

En 1957, Goulden decidió que se quedaría en Piura para ayudar a los niños abandonados. Ella usó el dinero que ganó enseñando inglés para ayudar a niños enfermos y discapacitados. Su único motivo era ayudar a mejorar la vida de los niños indigentes. Pensó que si nadie más iba a ayudar, haría lo que pudiera sola. Goulden pronto hizo amigos en especial con Anita Mollet, una mujer que viajaba a su casa en Piura para trabajar como voluntaria en un hospital infantil. Su amistad floreció y Goulden se fue a vivir y trabajar junto a Mollet durante muchos años.

El Ángel Piura

Todo Sobre los Ángeles

. . .

En 1982, Goulden decidió mudarse para poder vivir con los niños discapacitados que estaba cuidando. Era una mujer decidida y siempre se esforzó por generar cambios y mejorar las condiciones.

Un niño al que ayudó se llamaba Fedi. Era una joven ciega que Goulden había acogido. Goulden creía en el derecho a la educación de todos los niños, sin importar si estaban sanos o discapacitados. Fedi deseaba estudiar docencia, pero la escuela que eligió la rechazó debido a su discapacidad.

Esto enfureció a Goulden, quien luego buscó al presidente Belaunde trepando por una de las ventanas de su palacio presidencial. Encontró al presidente y le expresó sus pensamientos sobre la negativa de Fedi respecto a la educación. En dos semanas, Goulden recibió la noticia de que la escuela de enseñanza a la que Fedi deseaba ir ahora la aceptaría.

Las noticias se difundieron por los pueblos y ciudades de esta notable mujer y muchos niños pobres y discapacitados acudieron a Goulden en busca de ayuda. Su casa pronto acogió a unos 20 niños.

La casa era pequeña y Goulden tenía problemas con el espacio, pero no podía permitirse un alojamiento más grande. Viajaba por Perú en busca de ayuda y, a menudo, llevaba suministros para los hambrientos, los enfermos y las personas sin hogar. El pueblo peruano la llamó "Ángel de Piura".

Una inspiración

El hospicio de Goulden creció y pronto descubrió que estaba en quiebra y no podía permitirse financiar las operaciones o incluso alimentar a los niños. La historia de Goulden en Inglaterra atrajo fondos rápidamente y la organización benéfica prosperó. Cuando Goulden murió en 2002, dirigía un hospicio para niños discapacitados y también una escuela con más de 200 alumnos. El Fideicomiso Anita Goulden todavía financia el cuidado de niños huérfanos, abandonados, maltratados y discapacitados en Piura.

Rosemery, que sufría de espina bífida, conoció a Goulden cuando tenía nueve años. Ella se benefició mucho con la ayuda de Anita, y una vez le dijo a un periodista que informaba para un periódico británico: La primera vez que vi a Anita, supe que era un ángel bajado del cielo.

DR YORAM SINGER

Yoram Singer nació en 1953 en Canadá, pero pasó la mayor parte de su infancia en Suiza. Cuando Singer terminó la escuela, decidió viajar a Israel para vivir y trabajar.

Comenzó a trabajar en cuidados paliativos y sintió que su vocación era ayudar a los enfermos terminales. Singer creía en la igualdad para todos los seres humanos, sin importar su religión o etnia. Su paciencia y compasión lo ayudaron a crecer en su papel de médico.

El ángel del Desierto

Singer fue invitado a dirigir la unidad de cuidados paliativos de la Facultad de Ciencias de la Salud de la Universidad Ben Gurion. Aceptó, sabiendo que podía hacer más por los enfermos allí. Se sintió angustiado por la falta de cuidados paliativos en el desierto de Negev, por lo que decidió atender él mismo a las personas con enfermedades terminales. Estableció la Unidad de Cuidados a

Domicilio Móvil Beduinos, que sigue siendo el único centro de cuidados paliativos en el desierto. Más de 100,000 personas viven en el desierto de Negev y se dio cuenta de que necesitaba ayuda adicional, por lo que contrató a un traductor para que lo acompañara. Singer ayudó a promover la igualdad entre los beduinos y los judíos, ya que sintió que la muerte es universal y que la gente no debería concentrarse en las diferencias y los prejuicios. Creía que todas las personas tienen derecho a la dignidad y la gracia al final de sus vidas. Singer trabajó en su organización benéfica en su tiempo libre y sin recompensa económica.

Su mayor virtud: la creatividad

Se sabía que Singer salía a condiciones espantosas para tratar a sus pacientes, la mayoría de los cuales vivían en tiendas de campaña y chozas en el desierto de Negev. Sus pacientes vivían sin electricidad ni agua. La atención médica no era accesible para estas personas porque tenían poco transporte o dinero. Singer se aseguró de que, independientemente de las condiciones de vida, la atención que brindaba nunca se viera afectada. Se volvió creativo con sus métodos médicos y se sabía que sostenía bolsas intravenosas para los pacientes.

. . .

En lugares sin electricidad, traía su propia batería. La improvisación fue la clave del trabajo de Singer. Nunca se dejó intimidar por los obstáculos: se volvió aún más decidido.

Singer ignoró las diferencias religiosas y ayudó a unir a la gente con esperanza y optimismo. Cuidaba a los moribundos todos los días. La unidad de cuidados combinó la medicina occidental con la cultura y las tradiciones beduinas. Fue debido a la pasión de Singer que las líneas religiosas entre los pacientes judíos y beduinos se difuminaron y todos los pacientes, a pesar de sus creencias religiosas, podían morir con dignidad.

Singer se mantiene activo en la prestación de cuidados y visita a unos 18,000 pacientes beduinos al año, todos los cuales son pobres y no pueden pagar la atención médica. También sigue encontrando nuevos métodos creativos para su trabajo, siempre consciente de los limitados fondos disponibles. Singer vive su vida fuera de la vista del público, pero está verdaderamente comprometido con sus pacientes. Sus pacientes lo consideran un ángel mientras se preocupa por el sufrimiento y facilita su transición a la muerte.

10

El Ángel De Kabul, Alberto Cairo

ALBERTO CAIRO NACIÓ en 1952 en Turín, Italia. Asistió a una escuela primaria cuando era niño y luego estudió derecho en la Universidad de Turín. Cairo abandonó su carrera en derecho y se volvió a capacitar como psicoterapeuta, una carrera en la que sintió que podía beneficiar a otros. Cairo trabajó en un hospital de Milán y luego pasó tres años en Sudán. Posteriormente se trasladó a Kabul, Afganistán, para continuar con su trabajo de caridad.

Trabajo de caridad

Cairo llegó a Kabul en 1990 para ejecutar el programa de rehabilitación ortopédica allí. El objetivo principal del programa era ayudar a los afganos que resultaron heridos por más de 30 años de guerra.

Se ocupó principalmente de amputados y los equipó con miembros artificiales. Cairo fue uno de los primeros trabajadores benéficos en llegar al programa y se sorprendió por la gran cantidad de víctimas de guerra.

Sabía que su destino era proporcionar una mejor forma de vida a sus pacientes. Su caridad no se limitó a proporcionar miembros artificiales a los pacientes, sino que pasó a ayudarlos a reintegrarse a la sociedad. Con frecuencia ofrecía préstamos a los pacientes para iniciar negocios o les daba trabajo en el centro de rehabilitación. Cairo insistió en contratar solo a personas con discapacidad para que trabajaran para él. Creía que un centro para discapacitados debería estar dirigido por personas discapacitadas. Promovió la discriminación positiva y sintió que sus trabajadores actuarían como modelos positivos para sus pacientes.

Un ángel

Se establecieron seis centros alrededor de Afganistán para víctimas de guerra y en 1994, cualquier persona con una discapacidad motriz podía entrar y recibir tratamiento.

Todo Sobre los Ángeles

. . .

La mayoría de los pacientes fueron víctimas de guerra, algunas víctimas de minas terrestres y otras resultaron civiles locales heridos. Cairo dirigió el centro de Kabul y sintió que era su deber personal asegurarse de que se tratara al mayor número posible de pacientes. Veía a más de 300 pacientes diariamente y después de sus tratamientos, Cairo les ofreció asesoramiento y capacitación para que pudieran progresar en sus vidas. Su dedicación a sus pacientes fue galardonada con el título de "Ángel de Kabul".

El programa de rehabilitación ortopédica todavía está activo y desde que Cairo comenzó a trabajar para la organización benéfica, más de 50,000 personas han recibido nuevas extremidades. Muchos de estos pacientes regresan anualmente para reemplazos o ajustes. Cairo nunca ha creído en la discriminación de los pacientes y solo ha pedido el nombre de sus pacientes para los registros. Cairo tiene como objetivo hacer que las personas se sientan libres de acudir a cualquiera de los centros para recibir tratamiento, independientemente de su afiliación política. Ha tratado a soldados, policías, niños y heridos de guerra talibanes heridos. Cairo nunca discriminó porque vio a todos sus pacientes igualmente necesitados de su ayuda. Todos los tratamientos ofrecidos en el centro eran gratuitos, incluso los tratamientos más prolongados.

Cairo fue candidato al Premio Nobel de la Paz y escribió el libro más vendido llamado "Las Crónicas de Kabul".

Ha dedicado su vida a devolver la dignidad y la esperanza a los heridos. Es un héroe moderno y es considerado un ángel terrenal de Kabul.

La Madre Teresa

En 1910, la Madre Teresa nacida como Agnes Gonxha Bojaxhiu en Skopje, Macedonia. Era la menor de tres hijos de un constructor albanés. A los 12 años estaba en un viaje en tren cuando sintió un llamado de Dios. El llamado reveló que su deber y destino era difundir el amor de Cristo. A lo largo de su infancia se sumergió en la oración y la adoración a Dios.

Una nueva misión de vida

A los 18 años, Agnes dejó su casa en Skopje para unirse a las Hermanas de Loreto en Irlanda y convertirse en monja católica. Fue allí donde decidió ser conocida como Madre Teresa.

. . .

Después de una pequeña formación, la Madre Teresa fue enviada a la India para hacer trabajo misionero. Luego comenzó a enseñar en St Mary's High School para niñas en Kolkata.

Sin embargo, en 1948, se sintió cada vez más perturbada por el sufrimiento y la pobreza que la rodeaba y se le concedió una licencia del convento para trabajar en los barrios marginales. El mismo año en que la Madre Teresa dejó el convento se convirtió en ciudadana india.

Sintió que ayudar a los pobres y necesitados era responder a su llamado de Dios, por lo que comenzó su trabajo cuidando a los desamparados, enfermos y moribundos. La Madre Teresa no tenía ingresos y con frecuencia tenía que mendigar comida junto con sus seres queridos. Sin embargo, no tuvo la tentación de volver a una vida cómoda ya que creía en su trabajo.

Aunque no tenía fondos, la Madre Teresa decidió abrir una escuela al aire libre para los niños de los barrios marginales y, poco después, los trabajadores voluntarios se unieron y se les ofreció apoyo financiero. Este fue el comienzo de lo que se convertiría en una de las organizaciones benéficas más grandes de la historia.

Un solo objetivo

En 1950, la Madre Teresa obtuvo permiso para iniciar su propia orden, Las Misioneras de la Caridad. Su único propósito era cuidar de las personas más pobres y enfermas que eran rechazadas por la sociedad y que otros no querían cuidar. La Madre Teresa estaba preocupada por la falta de instalaciones de salud, como hospitales y clínicas para los pobres, por lo que rápidamente aprendió técnicas médicas que le permitían tratar a quienes no podían pagar los medicamentos o los médicos. Este servicio inspiró a la gente a donar fondos a su organización benéfica. Luego, los misioneros continuaron proporcionando no sólo atención médica a las escuelas, sino también albergues, orfanatos y centros juveniles.

Luego, la Madre Teresa abrió Kalighat "Home for the Dying" traducido al español como "el hogar del corazón puro", un antiguo templo hindú convertido en un hospicio gratuito para los pobres para permitir que los moribundos fallecieran con dignidad y comodidad. No discriminó y aceptó a personas de todas las religiones permitiéndoles pasar sus últimos días rodeados de amor.

La Madre Teresa fue una mujer impulsada por una necesidad desinteresada de ayudar a los demás.

Esto fue más evidente que nunca cuando dispuso un alto el fuego temporal entre las guerrillas palestinas y el ejército israelí para poder rescatar a 37 niños que estaban atrapados en un hospital de primera línea.

Ella entró en la zona de guerra con gran valentía para salvar a los jóvenes y varados, lo que mostró su amor ilimitado por la humanidad. Fueron hechos como estos los que hicieron de esta mujer espiritual una figura internacional e ícono mundial.

Con la ayuda de los misioneros que se habían unido a ella, la Madre Teresa expandió sus centros para los pobres y desamparados en todo el mundo. Sus planes para crear cambios no tenían límites y su deseo de ayudar a los necesitados creció. Los centros de salud de la Madre Teresa comenzaron a ofrecer ayuda a los adictos a las drogas, las prostitutas y los que padecían enfermedades incurables.

. . .

En 1985, su centro para enfermos de sida albergaba a miles de pacientes. En la década de 1990, la organización benéfica se había expandido a más de 40 países diferentes y tenía más de un millón de trabajadores.

Los esfuerzos divinos de la Madre Teresa para promover la paz, el amor y la compasión en todo el mundo fueron recompensados con numerosos premios y distinciones, incluido el Premio Padmashree del Presidente de la India, la Orden del Mérito de la Reina Isabel y el Premio de la Paz Papa Juan XXIII.

El último tramo de su vida

Incluso en los últimos años de la vida de la Madre Teresa, ella sirvió a los pobres y ayudó a los enfermos y necesitados. Ella siguió adelante a pesar de su propia mala salud y mostró un desinterés sin igual. Para 1997, sus organizaciones benéficas se habían expandido a más de 100 países en todo el mundo y sabía que su destino se había cumplido.

Regresó a Calcuta, donde pasó sus últimas semanas instruyendo a su sucesora y hermanas sobre cómo proceder con el trabajo que había comenzado. Murió en septiembre de 1997, leyenda y líder de la humanidad. El gobierno indio le concedió un funeral de estado para mostrar gratitud por su trabajo por los pobres y los enfermos a quienes cuidaba sin importar su origen.

Virtudes divinas

La Madre Teresa no era solo una devota mujer de Dios y madre de los necesitados, sino que también se la consideraba un ángel. Monica Bestra, una mujer enferma que sufría de un tumor en su abdomen, afirmó que un rayo de luz que emanaba de una imagen de la Madre Teresa en su relicario, había curado su tumor canceroso, una afirmación que retrataba a la Madre Teresa como una santa con capacidades divinas. Este milagro fue documentado como un paso hacia una posible canonización. En 2003, el Papa Juan Pablo II beatificó a la Madre Teresa en Roma, lo que marcó el primer paso de su santidad.

La Madre Teresa no fue solo una humanitaria dedicada; también fue embajadora del cambio. Ella enseñó el camino de Dios y la importancia de ayudar a los demás. Ella no fue solo una madre para los pobres, sino también una madre para todos los humanos, enseñándoles el significado del amor y la compasión por todas las personas, sin importar su posición social, religión o salud. Marcó una nueva era en la caridad y su legado, sin duda, vivirá para siempre junto con cada uno de sus consejos.

12

Las Mujeres Que Decidieron Ser Un Ángel Para Los Presos

ELIZABETH FRY NACIÓ el 21 de mayo de 1980 en Norwich, Reino Unido. Fue una activista, enfermera y cuáquera inglesa, de reconocido activismo a favor de la reforma de las prisiones. En resumen fue una de las principales impulsoras hacia una legislación que asegure un tratamiento más humano en las prisiones de Inglaterra, e incluso en otros países de Europa. A principios de 1800, las prisiones inglesas eran fosas de indecencia y brutalidad. La idea era castigar a los prisioneros, no reformarlos.

La mayoría de la gente pensaba que así era como debían ser las cosas o creía que no se podía hacer nada para cambiar el sistema arraigado. Elizabeth Fry tuvo una posición diferente y presionó por una serie de reformas penitenciarias las cuales practicamos hasta hoy.

. . .

Condiciones desastrosas

Hija de un banquero inglés, Elizabeth, de 20 años, se casó con Joseph Fry, un rico comerciante de té. Al poco tiempo ya había 11 hijos en la casa de Elizabeth y Joseph. Ella había entregado su vida a Cristo a los 18 años y desde ese entonces tenía un fuerte deseo de ayudar a los más necesitados, así que empezó a dar medicina y ropa a los desamparados y ayudó a establecer una escuela de enfermería llamada las Hermanas de Devonshire Square.

En 1813, a la edad de 33 años, empezó a sentir interés por las presas de la cárcel de Newgate en Londres y comenzó a visitar la prisión casi a diario. Pero lo que se encontró allí la horrorizó. En la cárcel, las mujeres que estaban en espera de juicio por robar manzanas o cualquier otra cosa insignificante estaban amontonadas en la misma celda con las mujeres que habían sido condenadas por asesinato o falsificación (ambos crímenes castigados con la pena de muerte).

Las mujeres comían, defecaban y dormían en la misma celda de confinamiento. Si una de ellas tenía hijos, la acompañaban a la cárcel y vivían en las mismas condiciones inhumanas que sus madres.

Para aquellos presos, sin la ayuda de familia, amigos o caridad, las opciones eran mendigar, robar comida o morir de hambre. Muchas mujeres también se convertían en alcohólicas y perdían el pudor. Ver a los niños llorando y gritando aferrados a sus madres cuando estas eran arrastradas a la horca era una escena muy común.

Fry resolvió ayudar a los prisioneros lo mejor que pudiera. A menudo, pasaba la noche para ayudar a los prisioneros y hacerles compañía. Trajo a las mujeres kits de costura y les enseñó las habilidades necesarias para que pudieran hacer ropa y mantenerse ocupadas.

También trajo Biblias para inspirarles a tener esperanza.

Además, invitaría a la nobleza para que se dieran cuenta de las espantosas condiciones.

. . .

Fry comenzó a tener dificultades financieras y personales en casa. La hija de Elizabeth y Joseph Fry, Betsy, murió a los cinco años, dejando a la familia angustiada.

El banco Fry también estaba sufriendo, dejando a la familia con preocupaciones financieras.

En 1816, después de un tiempo para atender a su familia, Fry volvió a la prisión de Newgate para comenzar una escuela en la prisión para los niños allí. Luego pasó a establecer la primera organización de mujeres a nivel nacional, la Sociedad Británica de Damas para la Promoción de la Reforma de las Prisioneras. Esta no fue la única organización que formó; también participó activamente en la formación de la Asociación para la Reforma de las Prisioneras en Newgate. Fry estaba decidida en su lucha por ayudar a mejorar la vida de los prisioneros y parecía ser su única esperanza. La gente estaba asombrada por el corazón y la devoción de Fry. Creían que era milagrosa, un regalo enviado desde los cielos.

Ignorando las críticas

Sin embargo, el trabajo de Fry no estuvo exento de críticas. A menudo se le acusaba de ser una mala madre y esposa porque dedicó su vida a la caridad humanitaria.

. . .

La gente no podía entender su desinterés, pero Fry estaba dispuesta a sacrificarse para ayudar a los innumerables necesitados. Lord Sidmouth, un diputado, no simpatizaba con la causa de Fry ya que sentía que si las condiciones de la prisión mejoraban, la delincuencia aumentaría ya que la gente no temería el encarcelamiento.

Sus puntos de vista eran ingenuos para el hecho de que muchas personas que estaban encarceladas no habían sido juzgadas y, por lo tanto, no se había probado su culpabilidad. Un elevado número de presos fueron detenidos por delitos menores o acusados de delitos que no habían cometido. Fry ignoró la ignorancia de Sidmouth ya que sabía la verdad detrás de su causa. Estaba decidida y todas las críticas la hacían esforzarse más por obtener resultados.

Un ángel inspirado

Fry sentía compasión por todas las personas necesitadas, no solo por los prisioneros. Además de su caridad en la prisión, también dirigió un refugio nocturno para personas sin hogar. Esta idea surgió después de que vio el cuerpo sin vida de un niño en la calle. No podía imaginar cómo la gente podía ser tan indiferente y tan fría. En

1824, durante unas vacaciones en Brighton, East Sussex, Fry fundó la Brighton District Visiting Society. Esta organización empleó voluntarios para ayudar a los pobres en sus hogares y atender a los necesitados. Esta organización no terminó en Brighton; se extendió por otros distritos y fue un gran éxito.

Fry recordemos que también inició una escuela de formación para enfermeras en el Guy's Hospital de Londres, ya que sentía que las enfermeras no estaban debidamente formadas. Las enfermeras de Fry tenían su propio uniforme y no solo atendían las necesidades físicas de los pacientes, sino también sus necesidades espirituales. Esto fue lo que más tarde influyó en Florence Nightingale para ayudar a las enfermeras a entrenar. Nightingale escribió expresando su admiración por el trabajo de Fry en el hospital. Más tarde, Nightingale se llevó a las enfermeras de Fry con ella cuando fue a la Guerra de Crimea. De nuevo, Fry demostró la inspiración que ella tenía en su trabajo. Influyó en otras personas que se convirtieron en influyentes humanitarios.

Con el paso de los años, Fry se ganó la reputación de su amabilidad. Los hombres la buscaban en busca de asesoramiento profesional, lo cual era extremadamente poco común en ese momento. La reina Victoria era una admiradora y donó fondos a su causa. En 1828, el negocio de Joseph Fry se deterioró aún más y fue declarado en quiebra. Fue el cuñado de Elizabeth Fry, Thomas Fowell Buxton, quien acudió en su ayuda. Buxton no podía soportar dejar que todo su arduo trabajo y caridad fracasaran, por lo que se convirtió en su gerente comercial y benefactora. Con su ayuda y aportes financieros, la organización benéfica de Fry se expandió.

Buxton fue elegida para el parlamento, lo que proporcionó a Fry una plataforma para promover su organización benéfica. Sus compañeros diputados ayudaron a Buxton y Fry, apoyando su causa. Fry prestó testimonio al comité de la Cámara de los Comunes sobre las espantosas condiciones de la prisión. Se convirtió en la primera mujer en testificar en el parlamento, un gran paso para la igualdad femenina.

Recordando un ángel

Fry murió en 1845 de un derrame cerebral. Fue enterrada en el cementerio de los Amigos en Barking, con más de mil asistentes reunidos en silencio. Como muestra de respeto por Fry, los marineros de la Guardia Costera de Ramsgate ondearon su bandera a media asta. Hasta entonces, esto solo se había hecho para miembros muertos de la monarquía gobernante.

El alcalde de Londres celebró una reunión sobre la creación de un hogar de refugio para los necesitados en memoria de Fry. Cuatro años después, abrió sus puertas el primer refugio Elizabeth Fry. Fry fue ampliamente reconocida por sus logros y siempre será recordada por ser una devota humanitaria y un ángel terrenal.

SUSAN ALDOUS

Susan Aldous nació en 1961 en Australia y fue criada por padres adoptivos en Melbourne. Ella era una niña rebelde con un espíritu salvaje.

Cuando era una adolescente en la década de 1970, abandonó la escuela y se involucró con motociclistas, se hizo tatuajes y vivió la vida en el carril rápido.

Se preocupó por las drogas y se rebeló contra la autoridad. A pesar de su elección de estilo de vida, siempre fue compasiva con los demás.

. . .

Susan pronto se dio cuenta de que necesitaba cambiar su estilo de vida. Durante un paseo por el barrio rojo de Melbourne, tuvo una epifanía. Encontró miembros de grupos cristianos que estaban ayudando a los necesitados.

Le explicaron la importancia de la vida y se dio cuenta de que estaba destinada a algo extraordinario. Después de esto, notó que su nueva "droga preferida" era la compasión.

El ángel de Bang Kwang

Aldous pasó nueve días en Tailandia durante su proyecto de voluntariado en barrios marginales y prisiones del sudeste asiático. Una vez que vio el abandono y las malas condiciones de vida de los prisioneros tailandeses, decidió quedarse. Chavoret Jaruboon, un amigo cercano de Aldous, trabajó como guardia principal en la prisión de Bang Kwang. Eran aliados poco probables, ya que el trabajo de Jaruboon era ejecutar a los prisioneros condenados con una metralleta. A pesar de su elección de carrera, fue fundamental para ayudar a Susan a cambiar las condiciones de vida de los reclusos. Los prisioneros llamaron al dúo "ángel y diablo". Sin embargo, Jaruboon mostró una amabilidad hacia los presos que no fue reconocida. Cuando Aldous decidió inicialmente ayudar a mejorar la vida de los presos, fue Jaruboon quien expresó la idea de regalar anteojos para los presos, pobres y ancianos. Susan siguió el consejo de su amiga y proporcionó anteojos a más de 150 prisioneros ancianos. La caridad de Aldous se expandió por toda la prisión y Jaruboon continuó ayudándola en su búsqueda del cambio. Aldous declaró que nunca fue su intención deshacer las condenas a los prisioneros, como muchos eran criminales peligrosos que fueron condenados por actos homicidas, ella simplemente sintió que no era humano para los prisioneros estar completamente abandonados en el sistema.

Ella siguió siendo la única fuente de empatía y comprensión de los prisioneros, y para los muchos que se enfrentaban a la muerte, su única esperanza estaba en la angelical Susan Aldous.

Su obra de caridad

A lo largo de los años, Aldous dedicó su vida a ayudar a los demás. No solo ayudó a los confinados, también ayudó a prostitutas, enfermos terminales, refugiados, drogadictos y niños discapacitados. Aldous quería que su vida tuviera sentido después de pasar su adolescencia sola; ella encontró esto en ayudar a otros, lo único que le traía verdadera felicidad. Susan escribió la aclamada novela "El ángel de la prisión de Bang Kwang". Aquí ella relató su transformador viaje ayudando a los que están en las cárceles tailandesas. A través de su novela, dio voz a los que se dejaron pudrir sin dignidad y que fueron despojados de los derechos humanos básicos y la compasión. Aldous demostró que no era una idealista más, estaba decidida a lograr un cambio real. Ella nunca ha afirmado ser una santa, pero su caridad y compasión la hicieron merecedora del título de "Ángel de Bang Kwang".

13

Oskar Schindler

OSKAR SCHINDLER NACIÓ el 28 de abril de 1908 en Zwittau, Moravia. En ese momento, Moravia era una provincia alemana del Imperio Austro-Húngaro, ahora parte de la República Checa. El padre de Oskar, Hans Schindler, era propietario de una fábrica y su madre, Louisa Schindler, ama de casa. Oskar Schindler tuvo una infancia privilegiada y se crió como católico alemán.

Oskar era un niño popular y se hizo amigo de dos niños que eran hijos de un rabino local. En la década de 1920, se fue a trabajar para su padre y en 1928 se casó con Emilie Pelzl. Su matrimonio provocó una ruptura con su padre, por lo que dejó su empleo y viajó a Polonia. En la década de 1930, como resultado de la depresión económica, la empresa Schindler quebró.

. . .

En 1933, Adolf Hitler asumió el cargo de canciller en Alemania. Schindler, junto con otros alemanes de los Sudetes, se unió al Partido Alemán de los Sudetes pronazi. Schindler no se unió por medio de un pacto con los nazis, sino como un medio para desarrollarse como empresario. Bajo el gobierno de Hitler, Alemania anexó los Sudetes y en 1939 invadió Polonia, lo que provocó la Segunda Guerra Mundial.

El mercado negro en tiempos de guerra

Durante la invasión alemana de Polonia, Schindler se mudó a Cracovia. Creó amistades con oficiales clave del ejército alemán y las SS nazis. Usó estas amistades para crear un negocio en el mercado negro que vendía productos ilegales como puros y alcohol. En 1940, Schindler trajo una fábrica de cocinas a la que más tarde llamó Emalia. Luego contrató a Itzhak Stern, un inteligente contador judío para que trabajara para él. Fue a través de Stern que se acercó a la comunidad judía en busca de trabajadores. En ese momento, los judíos de Cracovia eran pobres y victimizados, y en su mayoría vivían en guetos reservados para los judíos. Con la ayuda de Stern, Schindler empleó a 250 polacos y siete judíos.

Durante los dos años siguientes, el número aumentó significativamente a 370 judíos y 430 polacos.

El ejército alemán creía que Schindler estaba empleando a tantos judíos como mano de obra barata. Sin embargo, sus motivos fueron muy diferentes.

El éxito financiero de Schindler le valió el respeto entre los partidos de las SS y sus relaciones con los oficiales de alto rango mejoraron. Sin embargo, tenía una mala opinión de los nazis y estaba disgustado por el trato brutal que habían dado a los judíos. Usó sus relaciones con los oficiales para cubrir su verdadera intención. Schindler decidió que quería ayudar a sus trabajadores judíos a liberarse de la brutalidad. Cuando los alemanes enviaron a que sus empleados fueran deportados, Schindler corrió a la estación de tren para reclamar exenciones para ellos.

No solo empleó a hombres sanos para trabajar, sino también a mujeres, niños y personas discapacitadas.

Afirmó que todos eran trabajadores importantes en su fábrica y mencionó a algunos de sus amigos nazis de alto rango para fortalecer su reclamo. Estas afirmaciones fueron las que salvaron a los trabajadores de ser enviados a campos de concentración donde serían asesinados.

Schindler rescató a sus trabajadores y los llevó de regreso a la fábrica donde estaban a salvo.

El rescate

En 1943, las SS dispusieron la liquidación final del gueto de Cracovia y los judíos restantes se clasificaron en grupos. Aquellos que eran lo suficientemente fuertes y saludables para trabajar fueron enviados al campo de trabajos forzados de Plaszow. Todos los demás judíos fueron ejecutados en el lugar o enviados a campos de exterminio. Esto enfermó a Schindler, por lo que sobornó a Amon Goeth, la SS. oficial a cargo de la operación, para permitirle establecer un mini campo de trabajo dentro de su fábrica donde seguiría empleando a trabajadores judíos. Empleó a otros 1,000 trabajadores judíos y dejó que 450 judíos locales que trabajaban en campos de trabajo cercanos durmieran durante la noche en su fábrica. Se ordenó que los salarios de los trabajadores fueran enviados a las SS, dejando a los trabajadores pobres. Schindler no podía dejar a sus trabajadores indefensos y les proporcionó comida y refugio a todos. Las noticias de la bondad de Schindler hacia los judíos resonaron en todas las ciudades, lo que lo llevó a ser arrestado tres veces y acusado de ayudar a judíos sin autorización.

También fue acusado de corromper a empleados judíos, pero las SS y la policía no pudieron acusarlo. Schindler continuó a pesar de las acusaciones y el riesgo personal.

Un año después, el campo de trabajo de Plaszow se convirtió en otro campo de concentración. Todos los prisioneros detenidos allí fueron enviados a ser ejecutados.

Entonces se le dijo a la fábrica completa de Schindler que tendrían que cerrar y que todos los trabajadores debían ir a los campos de exterminio. Schindler luchó contra esto y volvió a sobornar a Goeth para que le permitiera trasladar su fábrica a Brunnlitz, Moravia. Dijo a los funcionarios que no podía cerrar la fábrica que suministraba suministros de guerra vitales al ejército de Hitler. Esta excusa fue suficiente pero a Schindler le dijeron que tenía que hacer una lista de los nombres de las personas que llevaría consigo. Esta tarea le dolía ya que había pasado años rescatando judíos y ahora tenía que elegir quién iba a vivir o morir. La lista final contenía 1,100 nombres, algunos eran empleados y otros amigos. La lista de estos nombres llegó a conocerse como "lista de Schindler". A fines de 1944, Schindler hizo los últimos sobornos necesarios para trasladar su fábrica y 800 de sus trabajadores fueron enviados a Brunnlitz.

Las 300 mujeres y niños restantes que se suponía que debían unirse a ellos fueron enviados por error al campo de exterminio de Auschwitz. Schindler estaba horrorizado y se dispuso a rescatarlos. Tuvo éxito con el rescate y los judíos restantes fueron enviados a Brunnlitz para unirse a los demás.

El movimiento final

Al final de la guerra, un tren que transportaba a 120 personas evacuadas del campo de Goleszow quedó varado en Svitavy. Todos estuvieron al borde de la muerte después de estar en el tren durante una semana sin comida ni agua. Schindler se puso en contacto con las SS y les dijo que necesitaba que estas personas trabajaran en su fábrica. Su solicitud fue concedida pero 13 de las personas rescatadas ya estaban muertas para el momento en que los alcanzó. Los demás fueron enviados a salvo a la fábrica. Los 13 muertos no fueron incinerados sino enterrados porque Schindler quería respetar su tradición judía. Schindler presentó cifras falsas a los funcionarios para que creyeran que su fábrica estaba activa. En realidad, solo produjo un carro lleno de municiones en casi un año. El negocio fue un fracaso, pero la verdadera caridad detrás de la ilusión fue un éxito y se salvaron más de 1,000 judíos.

Su legado

Después de que terminó la guerra, Schindler y su esposa emigraron a América del Sur. Schindler regresó solo a Alemania en 1957, después de haberse separado de su esposa. Se le otorgó el título de Justo entre las Naciones como reconocimiento a sus esfuerzos por salvar a los judíos durante el Holocausto. Schindler estaba en bancarrota porque había gastado hasta el último centavo pagando sobornos y financiando fábricas para salvar vidas. Murió en 1974 y su cuerpo fue trasladado a Israel para su entierro. En 1993, Emilie Schindler aceptó la Medalla del Recuerdo en nombre de Schindler. Esta rara medalla destacó los heroicos logros de Schindler durante el Holocausto. Schindler pasó muchos años comprando la vida de judíos y nunca vaciló en su misión. Debido a su pureza y compasión, Schindler siempre será recordado como un ángel terrenal para los judíos y protector de la humanidad.

14

Los Ángeles De Bataan

Los "Ángeles de Bataan" eran un grupo de enfermeras compasivas que eran miembros del Cuerpo de Enfermeras del Ejército de los Estados Unidos y del Cuerpo de Enfermeras de la Armada de los Estados Unidos.

Durante la Segunda Guerra Mundial, fueron enviados a Manila en Filipinas y puestos a trabajar en el Hospital General de Sternberg. Las salas estaban infestadas de malaria y constantemente bajo fuego.

Durante la Batalla de Filipinas en 1941, las condiciones dentro del hospital se deterioraron y la carga de trabajo de las enfermeras aumentó dramáticamente.

. . .

La invasión japonesa de Manila envió muchas víctimas al hospital de Sternberg, pero había tan pocas camas que muchas tuvieron que ser tratadas en el suelo. También se trajeron enfermeras y civiles fuera de servicio para ayudar. Después de que Estados Unidos se rindió a los japoneses, el ejército obligó a 66 enfermeras del ejército estadounidense a huir a Bataan y al túnel de Malinta en la isla de Corregidor. Las enfermeras de la marina se quedaron en Manila para ayudar a los pacientes durante las invasiones iniciales. Estas enfermeras fueron dirigidas por Laura M Cobb quien estaba decidida para luchar por sus pacientes. Durante la invasión, 11 de las enfermeras navales fueron capturadas y llevadas al campo de internamiento de Santo Tomás por los japoneses. Sin embargo, una enfermera de la marina llamada Ann A Bernatitus escapó a Bataan. Bernatitus se unió a las enfermeras del ejército que estaban bajo el mando del capitán Maude Davison. Juntos, los fugitivos fueron evacuados en un submarino. Sirvieron en la Batalla de Bataan y la Batalla de Corregidor. Durante estas batallas, otras enfermeras, incluida la capitana Maude Davison, fueron capturadas y encarceladas por los japoneses.

La misericordia convertida en ángel

Ann A. Bernatitus tenía 29 años cuando huyó de Manila.

. . .

Ella era una enfermera que se había unido a la marina para mejorar su vida y ganar estatus. En ese momento, las mujeres no eran tratadas como iguales a los hombres.

Bernatitus disfrutaba que la llamaran "señorita" y sentía que estaba haciendo algo constructivo con su vida. En 1941, Bernatitus y las otras enfermeras se enteraron del ataque a Pearl Harbor y supieron que Filipinas sería el próximo. A pesar de la amenaza, las enfermeras volvieron a sus deberes y continuaron ayudando a los necesitados.

Después del ataque inicial, Bernatitus y las enfermeras del ejército viajaron a la península de Bataan para ponerse a salvo. Bernatitus, junto con otras enfermeras, trabajó duro en la línea del frente, ayudando a las tropas. Inicialmente, Bernatitus estaba destinado en el hospital uno en el campamento Limay. Luego, el hospital se trasladó más abajo de la península y los japoneses lo bombardearon, matando a muchos soldados ya heridos. Bataan pronto cayó ante los japoneses y los 79,000 soldados restantes fueron enviados a hacer la infame marcha de la muerte.

. . .

Bernatitus, junto con algunas otras enfermeras, logró escapar a Corregidor. Con la toma de Bataan y Manila, los japoneses pusieron toda su fuerza en la pequeña isla de Corregidor.

Bernatitus fue la única enfermera de la marina que escapó de Corregidor y más tarde fue nombrado el "ángel de la misericordia".

Santo Tomás

Cuando los japoneses invadieron Manila, Bataan y Corregidor, las enfermeras capturadas fueron enviadas al campo de internamiento de Santo Tomás. Fueron dirigidos por la capitana Maude Davison, quien les ordenó que usaran sus bandas de la Cruz Roja para que los prisioneros supieran que ayudarían y asistirían. Les ofrecieron bebidas calientes, pero las rechazaron por temor a ser envenenadas. Sin embargo, las enfermeras no fueron derrotadas y comenzaron a tratar a los soldados heridos dentro del campo. Sobre los tres años de internamiento, las enfermeras adelgazaron y sufrieron desnutrición. Las fuentes de alimentos eran escasas y todos los prisioneros estaban racionados con menos de la mitad de los alimentos que necesitaban para estar sanos. Temían que nunca saldrían con vida, pero de regreso a los Estados Unidos, la noticia de estas notables mujeres viajó. El general de división estadounidense Vernon Mudge dirigió una incursión agresiva en el campo y el 3 de febrero de 1945, las enfermeras y otros internos fueron liberados por las fuerzas estadounidenses.

Maude Davison

La capitana Maude Davison era una enfermera comandante del ejército que dirigía a las enfermeras en Bataan y Corregidor. Su liderazgo y ternura continuaron incluso cuando estuvo encarcelada en Santo Tomás. Davison tenía 58 años cuando fue tomada prisionera de guerra.

Durante su tiempo en el campo de Santo Tomas, Davison continuó con sus deberes como enfermera jefe y ofreció apoyo y amabilidad a sus compañeros enfermeros y prisioneros. Su salud se deterioró dramáticamente mientras estuvo encarcelada, lo que provocó que su peso corporal se redujera a la mitad. Una vez liberada, Davison tuvo que ser hospitalizada de inmediato. A muchos les tocó que Davison, incluso con mala salud, permaneciera desinteresada y firme. Nunca se quejó, simplemente siguió con su trabajo y dejó a un lado sus propios miedos personales, mostrando la imagen de una mujer tranquila y serena. Incluso en los momentos más sombríos y desesperados, inspiró a las otras enfermeras. Después de la liberación en 1947, Davison se casó con el Dr. Charles Jackson. Murió en 1956, a la edad de 71 años. En reconocimiento a su trabajo, el presidente de los Estados Unidos le otorgó la Medalla al Servicio Distinguido.

Se llevaron a cabo memoriales en su nombre, reconociendo a Davison como la líder de los Ángeles de Bataan.

Después de su muerte

Las enfermeras que sobrevivieron a los espantosos años de encarcelamiento se mantuvieron juntas y mostraron fuerza y unidad. Fue por esto que lograron sobrevivir al horrendo campamento. En 1980, se colgó una placa en el santuario del monte Samat. Fue en recuerdo de los ángeles valientes que soportaron los bombardeos y el hambre y aún regresaron a sus deberes. No solo son héroes estadounidenses, también son ángeles, un título bien ganado.

15

Ángeles En La Teosofía Y En La Era Moderna

En el movimiento de la teosofía, que comenzó a finales del siglo XIX, los ángeles juegan un papel muy importante. El movimiento fue fundado en Nueva York por Helena Petrovna Blavatsky, Henry Steel Olcott y William Quan Judge. Su teoría era que todas las religiones contienen una parte de la verdad, y que a través de estas religiones, la humanidad avanza hacia la iluminación.

Los teósofos también creen que la naturaleza se basa en una naturaleza espiritual o divina, y que la filosofía, la ciencia, el arte, el comercio y la filantropía nos ayudan a alcanzar lo que ellos llaman el Absoluto. En su opinión, el universo está hecho de unidades espirituales de conciencia, o Mónadas, cada una cumpliendo su destino. Estos se manifiestan como ángeles, entre otras formas.

. . .

Prendas blancas de luz

El movimiento de la teosofía tomó ideas de muchas religiones, incluido el cristianismo y el budismo, para crear una imagen esotérica de un ángel. En teosofía, los ángeles son invisibles, creados como un espíritu sin cuerpo, con vestiduras blancas de luz y halos. Pueden tomar forma corporal para realizar el trabajo de su conciencia, y cuando lo hacen, aparecen como seres humanos hermosos, jóvenes y andróginos. De las lecturas del Nuevo Testamento, los teósofos creían que los fieles pueden volverse angelicales en el Día del Juicio; pero advirtieron contra la idea de que los ángeles son almas muertas. En cambio, adoptaron la idea oriental de un "ángel registrador" contando el "karma" poseído por una persona al momento de la muerte, y asignándole a esa persona un reino o esfera particular de existencia, tal vez como un ángel, tal vez no, en la otra vida como resultado de sus buenas o malas acciones en la tierra.

Los elementos del judaísmo también aparecen en la teosofía. Blavatsky creía que la angelología cristiana derivaba de la de los fariseos y procedía de Babilonia. Los ángeles bíblicos fueron vistos como hijos de Dios o mensajeros, algunos de ellos ángeles caídos como los Nefilim.

Por otro lado, ciertos ángeles eran personificaciones de "los elementales", seres que habían bajado a la tierra desde el éter y habitaban los cuerpos de quienes los invocaban. Los teósofos concibieron el mundo material como si estuviera hecho por ángeles inferiores, los Elohim, que eran seres prácticos. También creían que la humanidad se formó a partir de una hueste angelical que habitaba a la gente de cierta raza y período en la tierra.

Ángeles planetarios y solares

Según Blavatsky, hay dos tipos principales de ángel o "deva". El primer tipo vive en las atmósferas de los planetas del sistema solar y se llama Ángeles planetarios.

Los segundos viven dentro del sol, y son conocidos como Ángeles Solares. Cada sistema planetario tiene su propio conjunto de ángeles. Los ángeles de cada sistema ayudan a guiar la evolución básica en su cosmos y son responsables de gobernar el proceso de la naturaleza, por ejemplo, supervisando el crecimiento de las plantas y el equilibrio de las estaciones.

Los ángeles, suelen ser invisibles, pero a veces los seres humanos pueden verlos cuando se activa el "tercer ojo". El "tercer ojo" es un concepto esotérico que aparece en muchas tradiciones espirituales, tanto en Oriente como en Occidente, y se refiere a una facultad mediante la cual los individuos pueden percibir planos espirituales superiores que son oscuros para la mayoría de las personas. Se dice que los ángeles presenciados por el tercer ojo son como llamas de colores, pero por lo demás son similares a los seres humanos, en estatura y forma. De hecho, los devas pueden estar encarnados como seres humanos, pero serán visibles para aquellos que tengan la capacidad de ver a través del "tercer ojo".

Los elementales

Según la teosofía, además de ver devas, o ángeles, las personas con la facultad del "tercer ojo" pueden ver espíritus de la naturaleza, "elementales" (seres hechos de éter que han tomado forma corporal) y hadas. Los "elementales" son seres que han tomado una línea de evolución separada de los seres humanos: están hechos de una sustancia fina y rara llamada "materia etérica", y se convierten en criaturas como gnomos, ondinas (duendes de agua), sílfides y salamandras. Estos seres se reencarnarán eventualmente y se convertirán en devas o ángeles.

La idea de "elementales" en teosofía se extrae en gran parte de la alquimia medieval, descrita por escritores como Paracelso.

CREENCIAS DE LA NUEVA ERA

El objetivo de la teosofía era extraer de muchos sistemas religiosos y caminos esotéricos de conocimiento para crear un movimiento espiritual contemporáneo. Así, encontramos ideas de diferentes fuentes, desde el chamanismo y el budismo hasta el judaísmo y el cristianismo, dentro de la cosmovisión teosofista. Las opiniones de todos ellos fueron en cierto modo esclarecedoras, sin embargo, podrían conducir a una desconcertante variedad de teorías sobre la génesis, la naturaleza y el propósito del cosmos.

El movimiento de la Nueva Era

. . .

La teosofía jugó un papel importante en el desarrollo del movimiento de la Nueva Era, que se desarrolló en la última mitad del siglo XX.

Este movimiento fue una mezcla ecléctica de religión y filosofía occidental y oriental, psicología moderna, creencia en fuerzas sobrenaturales, folclore, medicina antigua, mecánica cuántica y otras corrientes de conocimiento y creencia.

Un principio central es que la mente, el cuerpo y el universo son uno, una visión del mundo "holística" que espera abarcar tanto la espiritualidad como la ciencia.

Además de todos los teósofos que acabamos de ver, el movimiento de la Nueva Era se basa en escritores esotéricos anteriores.

En años posteriores, también fue influenciado por varios gurús indios que visitaban el oeste.

El término "Nueva Era", derivado de un poeta y visionario de nacionalidad británica que tuvo lugar en el siglo

XIII, se refiere a la creencia de que el progreso hacia una era de iluminación, "la era de Acuario" es por lo que debemos luchar en el futuro, a través de un retorno a una era más simple, sustentable y espiritualmente satisfactoria.

Ángeles de la Nueva Era

No existe un conjunto fijo de creencias de la Nueva Era, pero el concepto de una deidad central es popular, al igual que la creencia en los ángeles o devas como fuerzas espirituales bondadosas, que a veces aparecen a los seres humanos o que en realidad se encarnan como humanos o animales. Una gran cantidad de talleres de la Nueva Era ayudan a identificar las experiencias tempranas de los ángeles o liberar al ángel interior. Más específicamente, ciertos líderes espirituales prometen poner a las personas en contacto con ángeles, como el arcángel Miguel.

Debido a la variedad de creencias e ideas dentro del Movimiento de la Nueva Era, es difícil precisar exactamente qué es un ángel de la Nueva Era. En la mayoría de los casos, el ángel será amable, no juzgará y ayudará. La idea de una presencia reconfortante, como un ángel de la guarda, sigue siendo muy fuerte, tal como lo fue en la antigüedad. Las personas pueden buscar ayuda de los ángeles cuando se encuentran en una encrucijada importante en sus vidas y necesitan consejos espirituales sobre qué camino tomar. Además, el concepto del ángel facilitando el viaje a la muerte, y quizás estando presente en el lecho de muerte de una persona, sigue siendo poderoso.

También existe una fuerte noción dentro de la ideología de la Nueva Era de que el individuo moderno ha comenzado a rechazar el intenso materialismo del capitalismo mundial y anhela un alimento espiritual, que tal vez pueda ser mejor proporcionado por la creencia en los ángeles en lugar de un compromiso pleno con la religión. tradiciones que se consideran anticuadas, opresivas y reaccionarias.

Maestros ascendidos

Los practicantes de la Nueva Era pueden creer en la existencia de "Maestros Ascendidos", que tienen una función similar a la de los ángeles como guías espirituales. El concepto de "Maestro Ascendido" proviene de la teosofía, donde se propuso la idea de que algunos seres humanos muy luminosos atraviesan un proceso de transformación espiritual. Un "Maestro Ascendido" se convierte en un dios y en una fuente de amor divino incondicional, uniéndose con el gran "Dios Yo". Una vez que estos Maestros se convierten en espíritu, atienden las necesidades de la humanidad, inspirando y motivando el crecimiento espiritual. Los Maestros Ascendidos incluyen maestros religiosos famosos como Jesús, Buda y Confucio, pero también hay muchos maestros que se convierten en espíritus como ángeles, descendiendo para ofrecer a la humanidad su guía cuando la ocasión lo requiere.

HACIENDO CONTACTO CON LOS ÁNGELES

Se puede recurrir a los ángeles para que nos aconsejen o guíen, para traer una sensación de paz a nuestras vidas o las vidas de las personas que amamos.

Aprender a contactarlos cuando lo necesitemos puede ser un proceso agradable y forma una parte importante de nuestra relación con nuestro ayudante celestial.

Tener contacto con su ángel personal

Hay muchas formas de hacer contacto con los ángeles. Estos métodos incluyen la canalización, la oración, la meditación, la escritura de cartas, el uso de cristales o la terapia del color. Antes de comenzar, es importante crear el entorno correcto en el que comunicarse con los ángeles.

Una habitación libre de desorden, con ventanas abiertas y energía positiva animará a los ángeles a recibir sus mensajes.

El espiritismo

Canalizar, o espiritismo, es una forma de hacer contacto en el que el canalizador "ofrece" escuchas de ángeles a sus clientes. El cliente visita al canalizador, o quizás se comunica por teléfono o internet, en un encuentro que dura de 20 a 30 minutos. Durante este tiempo, el canalizador entrará en trance y anotará todo lo que el ángel esté diciendo, usando lápiz y papel. El canalizador luego transmitirá esta información al cliente. El cliente no verá al ángel, pero los informes afirman que se ha visto una presencia, o resplandor de luz, mientras se lleva a cabo este proceso.

Los canalizadores, muchos de los cuales se anuncian en Internet, a menudo enfatizan que los ángeles ofrecen amor incondicional, no juzgan y traen gran alegría, luz y amor a las vidas de las personas que los encuentran. Algunos canalizadores ofrecen contacto con ángeles específicos, por ejemplo, los Arcángeles Metatrón, Azrael y Chamuel (todos ángeles judaicos), y ayudan con problemas particulares o áreas gobernadas por estos ángeles. Algunos canalizadores pueden tener fuertes creencias cristianas u otras creencias religiosas tradicionales, pero muchos no, y prefieren adoptar un enfoque espiritual más abierto.

Meditación y visualización

Para conectar con el proceso de oración está el de la meditación o visualización, en el que una persona puede, al despejar la mente, producir un estado alterado de conciencia, y poder hacer contacto con un ángel. Antes de comenzar, es importante que su mente y cuerpo estén libres de los efectos de las drogas, el alcohol, la cafeína e incluso el azúcar. Se recomienda la mañana como el mejor momento para meditar. Retirate a una habitación tranquila y colóquese de manera cómoda. Relájate, cierra los ojos y respira hondo rítmicamente; contar puede ayudarte a lograrlo. Imagina un anillo de luz blanca alrededor de tu cuerpo, protegiéndote y alejando los malos sentimientos. El proceso de visualización ayudará; esto es simplemente imaginar al ángel con el que deseas comunicarte; tener una imagen en mente mantendrá tu enfoque y alentará a un ángel a recibirlo.

Escribir una carta

Otra forma de comunicarse con el reino angelical es a través de la escritura de cartas. Puede ser útil crear un ambiente pacífico para hacer esto. Pon música que te relaje, enciende algunas velas o quema incienso o aceites esenciales.

Usa una nueva hoja de papel y un bolígrafo o lápiz favorito, feche la carta y diríjase a ella, "Querido ángel".

Escribe libremente, sin miedo a ser juzgado o censurado.

El tono debe ser amistoso; imaginar que le estás escribiendo a tu mejor amigo debería ayudarte a estar en el estado de ánimo adecuado. Escribe tus ansiedades, a través de este proceso comenzarás a sentirte más relajado.

Al poner tus problemas en una hoja de papel, estás delineando tus problemas de una manera clara y concisa, y luego estarás listo para pasar estas cargas a tus amigos angelicales. Guárdala y espera a que te respondan.

Recuerda agradecer a los ángeles una vez que te hayan dado la respuesta que buscabas, puedes hacerlo en forma de otra carta.

Conclusión

Como ya hemos leído a lo largo de todo el libro, hablar de los ángeles es un tema demasiado largo debido a que se habla de ellos desde hace miles de años. Ya vimos también que han sido parte de muchas religiones y el significado que cada una les da, algo que por cierto es muy interesante. Pudimos darnos cuenta que desde que están han sido importantes de generación en generación hasta llegar al día de hoy y que mucha gente a tenido la fortuna de presenciar o poder conversar con uno, e incluso pudimos leer sobre personas que se han convertido en un ángel y al día de hoy sus historias se siguen contando y la gente les sigue agradeciendo.

Quise acabar con el tema de como se puede contactar a los ángeles ya que yo tuve la oportunidad de hacerlo en dos ocasiones.

Conclusión

Una fue por parte de mi abuela materna que conocía hace mucho tiempo a una canalizadora la cual podía contactar a gente que ya no esta con nosotros mediante los ángeles, todo esto sucedió debido a que cuando mi padre falleció yo empecé a tener comportamientos que no eran normales en mi persona como estar todo el tiempo con mucho enojo, con ira, entre otras cosas, así que a mi abuela se le ocurrió llevarme con esta persona con la intención de que yo pudiera despedirme de mi papá.

Fuimos con ella y la experiencia fue muy fuerte, debido a que son muchos sentimientos y emociones que se van juntando en cuestión de minutos, fue algo que me hizo llorar, pero cuando terminó me hizo tener un sentimiento de paz que no había podido sentir en mucho tiempo.

Lo que quiero concluir con esta experiencia es que puede haber situaciones en las que uno no encuentra la respuesta o la solución a lo que estamos pasando y tenemos que empezar a buscar opciones, así que quiero decirte que esta puede ser la respuesta que estas buscando. Como acabamos de leer hay mucha gente que ha podido tener este tipo de experiencias y se han salvado de morir en alguna catástrofe, otras personas pudieron ayudar a otros y se convirtieron en ese ángel que alguien más necesitaba como en las historias que vimos de dos mujeres que dieron su vida a la gente en la prisión.

Conclusión

Sea como sea al final del día cada una de estas historias y de estas personas son prueba de que los ángeles están presentes y podemos apoyarnos de ellos. Todo está en hacerlo de la manera correcta y creyendo.

www.ingramcontent.com/pod-product-compliance
Lightning Source LLC
Chambersburg PA
CBHW072020070526
44583CB00015B/1558